МОРЕ ЈЕ НАША СУДБИНА

Грчке приче

Библиотека
ХИПЕРИОН

Уредник
ИВАН ГАЂАНСКИ

Превод са грчког
БРАНКА ПАЛАНАЧКИ

Редакција превода
ИВАН ГАЂАНСКИ

Издање ове књиге омогућила је
Фондација Коста и Елени Урани
из Атине.

МОРЕ ЈЕ
НАША СУДБИНА

Грчке приче

Избор и белешке о писцима
КОСТА АСИМАКОПУЛО

РАД • 2001

МОРЕ КАО СУДБИНА

Више од тридесет векова грчка судбина је везана за море, бродове и пловидбу. Од свих најстаријих поморца, Феничана, Картагињана, они су на Медитерану остали до данас. Догодиле су се многе промене, с народима, државама, верске, али је грчки језик опстао као гарант тог ретког континуитета.

Одисејева лутања морем су била предмет чудесног епа, најлепше књиге у историји, како је говорио Милош Црњански. Грчка књижевност описује лутања морима и данас. У епу је у двадесетом веку, новог Одисеја описао Нико Казанцаки. А десетине најбољих грчких прозаиста пишу приче о мору, о бродовима, о пловидби, о муци и лепоти живота на мору, о мору као грчкој судбини.

А то је само део једне дуге и богате књижевне традиције, која је, разним путевима, преко цркве, дворова, трговаца, занатлија, сточара, вековима утицала и на нас, на наш језик, књижевност средњовековне Србије, уметност уопште.

Проза у Грчкој има и нема дугу традицију. Зависи од тога који се елементи узимају у обзир: теме, жанр, језик итд. За време целог византијског периода била је, наравно, сва сила прозних састава, чак и романа (и под франачким утицајем), али се није писало народним, говорним језиком. Тако је неких дванаест или више векова (од трећег-четвртог нове ере до половине шеснаестог) прозни израз био заробљен углавном у учени идиом. Народна песма је много раније, мисли се већ од једанаестог века нове ере, оставила трага у народном говору, дакле у савременом грчком језику. Бастион византијске учености ипак је пре калуђера и учених људи после пада Цариграда под Турке (а то је тренутак који је преломан у многим аспектима развоја грчке културе), оставио могућност специфичним појавама у периферним деловима грчког света, какви су били, на пример, Јужна Италија или Кипар. Отуда на Кипру у 14. веку и најстарији споменик прозног израза писаног савременим грчким народним језиком – један правни докуменат.

Али ће проза на народном говору и у 16. и у 17. веку имати стриктно практичну намену, педагошку и теолошку, а не и квалитете књижевне, уметничке прозе. Тек ће на самом крају 17. и почетком 18. века црквена реторика користити језик за експресивне и уметничке циљеве, како бележи грчки историчар књижевности Лино Полити.[1] Сложена збивања око Фанариота и у периоду просвећености код Грка донела су многа духовна преиспитивања и иновације, посебно истичући тешкоће око језика које трају до дана данашњег у практичном домену. Философија и природне науке су у првом плану интересовања тако да све до друге половине 19. века тешко да можемо говорити о неком напретку књижевног прозног израза, с обзиром на то да је и романтизам имао у Грчкој специфичне аспекте због диглосије изражавао се претежно у поезији. Али и тад се већ јавља прича као прозни састав, са најбољим представником у строгом „прочишћеном језику" (катаревуса) професора археологије на универзитету, амбасадора у Вашингтону и Берлину и министра, плодног песника из чувене цариградске породице, Александра Риза Рангавија у 19. веку. Роман тога времена, наравно под утицајем Валтера Скота, бави се историјским темама, али почиње да се окреће и савременом животу, као у роману Павла Калиге из 1855, где се већ поред романтичког приступа и владајућег архаизирају-

---

[1] Лино Полити: *Историја грчке књижевности* – Атина, 1978 (на грчком).

ћег језика јавља реализам у „тачним описима и иронији“, како формулише Лино Полити.

Одлучујући преокрет је наступио тридесетак година касније, кад се књижевност окренула од историјског романа краткој причи, и то причи локалној, фолклорној, не ретко буколичкој, којој је грчка теорија дала назив „етографска“ приповетка. Таква прича описује село и живот у природи, једноставан свет. „Можемо слободно рећи да се у грчкој књижевности сада први пут изграђује чиста књижевна проза“, наглашава Полити.

Значи, грчка прича заправо постоји сто година. Један од првих аутора такве приче, још увек писане катаревусом, додуше нешто једноставнијом, био је творац романа приповетке *Лука Лара*, иначе не баш сјајни преводилац Шекспира, Димитрије Викела. Занимљиво је, из перспективе грчко-српских књижевних веза, да је ова књига, објављена 1879. године у Грчкој, само после неколико година објављена и преведена код нас. Тако брзо и корисно познавање поновило се још само неколико пута, на пример у случају романа Роидија, Венезија, Миривилија и, донекле Казанцакија, да уопште не постане обострано.[1] Тако смо данас дошли дотле да нам је савремена грчка проза скоро потпуно непозната. А још 1989. године у редакцији часописа *Дендро* у Атини срели смо једну младу Аустријанку која је прикупљала материјал за своју докторску дисертацију у Бечу о тадашњој најновијој прозној књижевности у Грчкој.

Тако су нам, нажалост, остале недоступне и до данас сјане приче главног грчког представника етографске прозе Јорга Визиина. Ове године је један времешни амерички професор добио награду грчких књижевних преводилаца за свој веома успешан превод Визиина на енглески. Првом правом приповетком у савременој грчкој књижевности сматра се Визиинова прича *Грех моје мајке* из 1883. године.

---

[1] У *Годишњици* Николе Чупића XXIV (1905) 1–65 Светомир Николајевић је објавио прилог *Приповетка у Грка*.

Одједном је тада приповетка постала омиљени начин књижевног рада, одржавају се и конкурси с наградама и похвалама. Као најважнији приповедачи истичу се Дросини, Александар Пападијаманди, Андреа Каркавица и Григорије Ксенопуло. Користи се и катаревуса, која је све разумљивија, и демотика, а у неким делима и мешавина оба идиома: у дијалозима народни говор, чак дијалекат, у описима умерена катаревуса, а у лирским пасажима чак најстрожа традиционална катаревуса.

Крај 19. и почетак 20. века карактерише у књижевности идеално хеленоцентрично усмерење. Већ је главна етапа у борби за народни језик добијена, па су могућа и усвајања европских књижевних и других струја: реализам и натурализам, Балзак, Зола, Дикенс, Оскар Вајлд, fin de siècle, симболизам, постсимболизам, руски реализам. Константин Хадзопуло уноси нове друштвене акценте у етографску причу, Константин Теотоки реалистичке, дуговеки Димостен Вутира (који је живео од 1871–1958. и писао још од 1900!) аспекте живота савремене градске сиротиње. У трећој деценији двадесетог века је овај веома плодан писац имао великог успеха и утицаја на млађе управо оваквим својим приповеткама, иако се његовом стилу и небрижљивом књижевном изразу нису подједнако приклањали књижевни сладокусци.

Њима следе бројни приповедачи, који се, поред тога, баве и другим областима књижевног стварања, пре свега позоришним текстовима и књижевном критиком. Међу њима се посебно истичу И. М. Панајотопуло и бард грчке културе Петар Хари, чијег се правог имена Јани Мармаријади вероватно више нико и не сећа. Срела сам га два пута у пролеће 1989, једном на званичном пријему, други пут у његовом дому у улици Никис близу главног атинског трга Синтагме. Ближећи се деведесетој, господин Хари се препушта ненаметљивој поузданој помоћи своје љубазне супруге у настојању да ми покаже интересовање за нашу земљу, своја сећања на контакте с Андрићем, своје пријатељство, па и на поносно указивање на свечаност од пре неколико година у Цариграду, где му је патријарх доделио ретку титулу „Отац рода", за све његове заслуге у грчкој култури. Не знам све о његовом животу и активностима, неки мисле да је то пријатељство за суседе могло бити у неким временима и интензивније, али сада веома жели да нас подсети да је 1952. године издао 'југословенски број' свог часописа *Неа естиа*, који је уређивао пуних четрдесет пет година, још од 1933! И који је, двонедељно излазио тако уредно, да се према томе могао календар подешавати. Поклања ми тај број часописа, као и фебруарски број из 1989. године у коме се подсећа сусрета с Андрићем, да нам, посредно, како каже, пружи макар моралну подршку у „ово тешко време за вашу земљу". Наравно, сем једног текста у крагујевачким *Корацима*, ни овај аутор није код нас познат, као ни толики други. Како да процењујемо савремени тренутак грчке прозе кад нам уопште није познат ни он сам ни путеви који су до њега довели.

А ту је најзначајнија, као и у модерној грчкој поезији, „генерација тридесетих", која је, по оцени можда нешто конзервативног критичара Лина Политија, „стваралачки обновила прозу која је животарила између 1920. и 1930. на заосталом сирвивалу етографије, описујући бедни живот сиротињских четврти". Поред ширења хоризоната, писци ове генерације су, каже Полити, хтели да ухвате корак са савременом европском прозом. Свежином језика, приступом и темама издвојили су се приповедачи из до тада периферних, а отада, после малоазијске „катастрофе" 1922. године, изгубљених грчких области, као Фоти Кондоглу из Мале Азије (умро 1965), па Трасо Кастанаки из Цариграда (умро 1967), па митилењанин Страти Миривили, учесник свих ратова од 1912. до 1922. за чији је роман *Живот у гробу*, који је преведен и код нас, француска критика својевремено рекла да је то најлепша ратна књига, односно антиратна књига, која је икад написана. Као водећи писац свога доба, Миривили је био и дуго председник Удружења грчких књижевника у Атини и веома утицајан у књижевном животу до своје смрти 1969. године, када му је било већ седамдесет седам година, па приповедач Петар Глезо, такође вишегодишњи председник истог удружења после њега. Као Петар Хари и Миривили, под псеудонимом је објављивао и други велики грчки приповедач тога времена, Илија Венези, који је умро 1973. године. Његова проза из 1943. године, под карактеристичним насловом *Еолска земља*, преведена је и код нас, као и роман *Бр. 31328*. Дуговеком романсијеру Козми Политију (умро 1984. са 87 година) то је име такође књижевни псеудоним. Пишући о томе, критичар Полити запажа чудну околност да се главни представници те „генерације тридесетих" устежу да се у књижевности појављују под својим правим, грађанским именом, већ користе псеудоним, али је не коментарише. Прозаиста Јорго Теотока поглавито се исказивао у роману, а М. Карагаци и у роману и у приповеци, са пуно еротизма и психоанализе. То наводи Политија да и епоху оцени као „климу реализма, односно крајњег натурализма".

Приповеткама су почели и касније значајни романсијери Танаси Пецали-Диомиди (рођен 1904) и Ангело Терзаки (рођен 1907), који су своја најзначајнија дела написали после Другог светског рата. Њима свакако треба прибројати и веома плодног прозаисту и брижљивог стилисту Панделија Превелакија с Крита. У овом домену стилског, Превелаки је наставио линију ранијег „мага стила" Захарије Папандонијуа (умро 1940)[1]. Међу бројним другим прозаистима овог нараштаја треба свакако подвући и имена неколико жена стваралаца: Лили Канаку, Мелпо Аксиоти, Маргарита Либераки, Ева Влами, Галатија Саранди, Марија Рали, Ели Алексиу и др.

Једно од најистакнутијих места међу грчким прозаистима двадесетог века несумњиво има Тасо Атанасијади, рођен 1913. године у Малој Азији, аутор више-

---

[1] Његову причу *Света освета* објавила сам у преводу у јунском броју Летописа Матице српске 1976. године уз есеј *Трактат о зависти*.

томног романа реке *Панѿеи*, о животу три генерације једне породице од 1897. године до 1940. (Још је један аутор писао роман реку: то је тротомни *Свеѿ који умире* већ поменутог Карагација). Веома пријатан и срдачан, господин Атанасијади, данас један од најугледнијих атинских академика, био је врло заинтересован да га Иван и ја посетимо исте 1997. године у његовом дому, за грчке прилике скромном и препуном књига, међу којима је пронашао и *Histoire de la littérature yougoslave* Милоша Савковића из 1936. показујући извесно снебивање и жаљење, што се, ето, данас наше суседне земље тако слабо познају у култури. У овом погледу разлога је било управо за наше снебивање, јер књиге сличне Савковићевој за ситуацију у то време, пола века касније, нема. А сад више нема ни те земље Југославије.

По гигантској саги Таса Атанасијадија о породици Пантеи, саги која је као слика „синтеза грчког урбаног друштва" у првој половини овог века, снимљена је играна телевизијска серија у 150 емисија! С поносом нам је причао да су се у Грчкој „венчања отказивала како људи не би губили ове емисије". А ми за то нисмо били ни чули, као да живимо на различитим планетама!

Проза првих неколико деценија, поред стриктно домаћег интереса и интересовања, локалних боја и тема, била је и под утицајима европских токова, француских, италијанских, енглеских, руских, скандинавских, немачких, не нужно тим редом и редоследом и не искључиво. Неки грчки критичари наводе да се етографска приповетка надахњивала највише реализмом руске приче (Чехов, Горки) или њеном француском рецепцијом код Мопасана или Алфонса Додеа. Занимљиво је да се евентуалне интербалканске везе и везице и не помињу. Или их заиста и није било? Као да смо на различитим планетама.

Забринута за језик, стил и форму, проза се бавила како савременим животом, тако и историјским темама, посебно неоромантичарска после малоазијске „катастрофе" 1922. године. Садашња књижевна анализа, ипак, ово време посматра критичкије, сматрајући да рана романсијерска продукција у двадесетом веку, са Ником Казанцакијем као карактеристичним примером, не представља аутономан напор репрезентовања једног света, изграђеног књижевно и заснованог естетски, већ је покушај пројекције одређених идеја или теоријских погледа у прозни састав који тако служи само као „претекст".

Тако је у једном синтетичном тексту[1] о грчкој послератној прози окарактерисао претходну књижевну ситуацију један од водећих грчких теоретичара и критичара Алекса Зира, у тексту који је лично снимио за мене. Слаже се и с Политијем да је поратна грчка проза у тешњој вези са проблематиком савременог живота него што је пре рата био случај у прозном стварању.[2]

*

Без обзира на нова критичка разматрања и преоцењивања грчког књижевног наслеђа у самој Грчкој, у свету је жива тенденција презентирања и превођења управо оне књижевности која је модерну Грчку повезала с европским народима и културама двадесетог века. У такве писце спадају и аутори заступљени у избору прича о мору, који је за наше читаоце начинио грчки аутор Коста Асимакопуло, писац који и сам деценијама пише о мору.

Др Ксенија Марицки Гађански

---

[1] У Атинском часопису *Тетарто* 21. октобра 1987.

[2] Више о томе у мом тексту *Савремена грчка проза*, објављеном у приштинском часопису *Стремљења* 10–11 (1990).

АНТОЛОГИЈА

ФОКИНА ТУЖБАЛИЦА

Испод литице, тамо где запљускују таласи и одакле се спушта стаза, почињући од Мамојанијеве ветрењаче, наспрам гробља и поред западног ниског испуста обале, који сеоска спадала – што целог лета од јутра до вечери пливају око тога зовући га *Шкољка*, јер личе на шкољку обликом – силазила је у сутон стара Лукена, тужна сирота старица, држећи под мишком завежљај вунене простирке да је опере у сланој води, а затим испере на малом извору Глифонерија, који капље из стене и слива се мирно у море. Спуштала се полако низбрдо, стазом, једва чујним гласом певала болну тужбалицу, држећи руку на челу да заклони очи од сјаја сунца које је залазило иза брда преко пута и чији зраци милују мало гробље тачно преко пута ње и споменике, пребеле, окречене, који блеште на последњим сунчевим зрацима.

Сећала се своје петоро деце, коју је сахранила на том гумну Хароновом, у том врту пропасти, једно после другога, пре много година, још док су била мала. Две девојчице и три дечака, све још у раном добу, однесе јој незасити Харон.

На крају јој и мужа узе и остадоше јој само два сина који су сада у туђини; један се упутио, рекли су јој, у Аустралију и није послао писмо већ три године, она није знала шта се догодило; други, млађи син, пловио је бродовима по Средоземном мору, и каткад би је се сетио; остала јој је и једна удата ћерка, са пола туцета деце.

Уз њу је стара Лукена сад обављала посао у старости, и за њу је пошла том низбрдицом, стазом, да опере ћебад и другу разну одећу у морској води и да их испере у Глифонерију. Старица се сагне над ивицу ниске, од мора изједене стене, и поче да пере одећу. Десно од ње спуштала се доста равна, полегнута литица брежуљка, на коме је било Гробље, а кроз његове пролазе стално су се котрљали према мору комади трулог дрвета ископаног из земље, реликти људских скелета, остаци златних папуча или златом извезених кошуља младих жена које никад нису сахрањивали с њима, увојци плаве косе и други плен смрти. Поврх тога, мало удесно, у малој скривеној јарузи, поред Гробља, седео је млади пастир, који се враћао са својим малим стадом са поља, и не узимајући у обзир то тужно место, извадио је фрулу из кожне торбе и почео да свира веселу пастирску песму. Старичина тужбалица се прекиде на звук фруле; они који су се у том часу враћали са поља – у међувремену је зашло сунце – чули су само фрулу, гледајући где би могао бити фрулаш, који се није видео, скривен у жбуњу у дубокој шупљини литице.

Једна барка са подигнутим једрима кружила је у луци; али једра никако није спуштала и није окренула према западном рту. Једна фока, која је ту у близини лутала у дубоким водама, можда је чула тиху тужбалицу старице, и очаравши се гласном фрулом малог пастира, приближила се обали, радујући се звуку и љуљајући се на таласима. Мала девојчица, била је то најстарија унука те старице, Акривула, од девет година, можда је мајка послала или, пре, сама се искрала њеном будном надзору, и сазнавши да је бака у Школци и да на обали пере, дође да је тражи и да се мало игра на мору. Али није знала одакле полази стаза, од Мамојанијеве ветрењаче преко пута

Гробља; чим је чула фрулу, оде тамо и пронађе скривеног свирача. Кад се наслушала фруле и надивила младом пастиру, угледа тамо, кроз полутаму вечери, уску стазу, веома стрму, веома косу, па помисли да је то стаза и да се њом спустила старица, њена бака, и пође низбрдо косом стазицом да стигне до обале да њу тамо сретне. А већ се било смрачило.

Мала сиђе неколико корака наниже, затим виде да тај путић постаје све стрмији. Викну једном и покуша да се попне, да се врати. Налазила се горе на гребену истурене стене, две људске висине изнад мора. Небо се натмурило, облаци су покрили звезде, месец се скоро изгубио. Покушала је и не нађе више пут којим је сишла. Поново се окренула надоле и покушала да сиђе. Оклизну се и бум! паде право у море. Било је дубоко колико је стена била висока; отприлике два хвата. Због звука фруле њен се крик није чуо. Пастир је чуо неки пљусак, али оданде где је он био није могао да види подножје стене нити крај обале. А није ни обраћао пажњу на девојчицу, јер скоро није био ни осетио њено присуство.

Како се већ смрачило, старица Лукена узе свој завежљај и почне да се пење стазом, на повратку кући. На пола пута је чула пљусак у воду, окренула се и погледала у таму, ка месту где је био фрулаш.

– Биће да је то онај свирач, рече, јер га је познавала. Није му доста да буди покојнике својом фрулом, него још баца и камење на обалу, из досаде... Обележен је он, неприлагођен.

И настави својим путем.

Барка је и даље кружила у луци, а млади пастир је и даље свирао у фрулу у тишини ноћи.

А фока, стигавши близу обале, нађе мало утопљено тело сироте Акривуле и стаде да кружи око ње и да тужи, пре него што је почела свој вечерњи обед.

Фокина тужбалица, коју је људским речима превео један стари рибар, упућен у безгласни језик фока, говорила је отприлике ово:

То је била Акривула
унука старице Лукене.
Од морске траве јој венци,
шкољке њен мираз...
а старица још тужи
за својим породом давним.
Као да немају никада краја
патње и јади света.

МОРЕ

Мој отац – свето миро над таласом који га је однео – није имао намеру да од мене начини морнара.

– Даље, говорио би, даље, сине, од те авети без части! Нема она вере, нема милости. Обожавај ти њу колико желиш, слави је – она опет по своме! Не гледај што ти се смеши, што ти нуди блага. Пре или касније ископаће ти гроб или ће те одбацити, саму кожу и кост, некорисног у свет. Кажеш море, кажеш жена, исто му дође.

То је говорио човек који је цео живот провео на броду, на којем су душу своју оставили сви до једног из његове породице, и отац, и деда, и прадеда. Али није то говорио само он, него и сви старци с острва, сад ислужени поморци, чак и млађи, чије су руке још увек биле пуне жуљева, седели би у кафани, пушили на наргиле, климали би главом и стењући говорили:

– Нема више хлеба за нас на мору. Ех, да ми је један чокот винове лозе на копну, па да скинем ову беду с врата.

А истина је била да су многи од њих имали новаца да купе не само чокот лозе, него цело острво. Али све су трошили на море. Надметали су се ко ће да направи већи брод или ко ће први да постане капетан. А ја, чујући често њихове речи, и видевши колико су несагласне с њиховим поступцима, нисам могао да одгонетнем ту тајну. Нека виша сила, говорио сам, привлачила је све те душе и тако безвољне их уништавала на мору, као дивљи северац голо камење.

Али је то исто „нешто" гурало и мене тамо. Од малена сам волео море. Такорећи прве кораке сам по води направио. Моја прва играчка је била кутија од алуминијума са дрвцем на средини које је служило као јарбол и два кончића као ужад, лист хартије за једро и моја бујна машта, која је од кутије направила лађу са три јарбола. Спуштао сам је у море устрепталог срца. Па, ако баш хоћете, и ја сам био на њој. Ипак, чим бих је спустио, потонула би. Брзо бих направио другу, још већу, од дашчица. Бродоградилиште ми је било мала марина код Светог Николе. Пуштао бих играчку у море и пратио је, пливајући поред ње, све до улаза у марину, који је струја померила далеко. Касније сам био први у веслању, па у пливању, само ми је крљушт недостајала.

– Нек је у здрављу, све ћеш нас осрамотити, рекли би стари поморци, када би видели како зарањам као делфин.

А ја сам се поносио и веровао да су им речи пророчке. Књиге сам – ишао сам у основну школу, сећам се – засвагда затворио. Нисам у њима нашао ништа у складу с мојом жудњом. А с друге стране, све око мене, живо и неживо, говорило ми је бескрајно много. Морнари препланулих лица и упадљивих одела, старци са својим причама, дрвеће изванредног раста, девојке својим песмама:

Како је леп морски вук, када се мокар пресвуче
И седне за крму у бело одело обучен.

Слушао сам то још од колевке и размишљао какав ли је тај глас нашег острва који је позивао мушкарце на морски живот. Говорио сам да ћу и ја једном постати морски вук, мокар од мора, сести за крму; острво би се са мном дичило, а и све би ме девојчице волеле. Да – волео сам море. Гледао сам га како се пружа од рта у даљину, па се губи на хоризонту, као положени сафирни камен – немо; трудио сам се да схватим његову тајну. Посматрао сам га, како, понекад, све узбуркано, удара пеном обалу, како грми и бучи, као да хоће да досегне срце земље и да угаси све њене ватре. И сав опчињен бих трчао да се играм с њим, да га љутим, да га натерам да ме гони, да осетим његову пену на себи, исто онако као кад дражимо везане дивље животиње. И када бих гледао брод како диже сидро и креће из луке да се отисне на отворено море и када бих слушао гласове морнара који су окретали чекрк, душа ми је треперила, тужно птиче. Пепељастоцрна, широм отворена једра, масивна ужад, ручке које су бацале светлуцаве сенке у висину, звали су ме да пођем са њима, обећавали ми нова места, друге људе, благодети, радости, пољупце. И дању и ноћу душа ми није чезнула ни за чим другим, него за путовањем. Чак и онда када би нека лоша вест дошла на острво, и када су сви људи били тугом утучени, а са њихових намргођених чела изливала се жалост и занемелост и ширила се све до беживотних стена на обали, када бих па улицама гледао сирочад и у црно завијене жене и неутешне веренице, када бих слушао приче морнара, који су били сведоци тих догађаја – тек тад би ме обузимао неки инат и јед што и ја нисам био тамо; инат и грозница.

Нисам више издржао. Мој отац је са својом шкуном био на путу. А капетан Калигери, мој стриц, полазио је на Црно море. На врх главе сам му се попео; и моја га је мајка молила, из страха да се не разболим, и он ме поведе са собом.

– Повешћу те, рече ми, али има да запнеш; брод захтева да се ради. Није то рибарење, па да имаш храну и спавање.

Одувек сам се бојао стрица. Био је суров и груб према мени, као и према морнарима. „Боље бити роб у Алжиру, него бити са Калигеријем"[1], говорило се да се покаже његова безосећајност. Само усољеног полуужеглог меса, нешто плеснивог бакалара, горког брашна, црвљивог двопека и сира с укусом креде, једино је чега је било у Калигеријевој остави. Говор су му само команде, увреде, псовке. Само су очајници долазили да раде за њега. Али магнет који ми је привлачио душу навео ме је да све то заборавим. Да крочим једном на палубу, рекао сам, и посла колико волиш.

И стварно, бацио сам се на посао свом снагом. Мердевине од ужади за мене су биле дечја игра. Што је посао био тежи, ја сам био све спремнији за њега; а можда је стриц на овај начин хтео да ме натера да се покајем и предомислим. Све сам радио – од прања палубе до рибања, од ушивања једара до плетења конопаца, од развезивања ужади која држе једра до завезивања. Час сам био на пумпи, час на чекрку; утовар – истовар, заптивање, фарбање – ја први. Први? Први! Шта ме брига! Било ми је довољно да се попнем високо где се укрштају јарболи и да видим море доле како се раздваја и како послушно остаје иза нас. Онај други свет, копнени, с тугом сам гледао.

– Ама, говорио сам са презиром. Живе и они некако...

А преко те моје опијености, чујем капетанов глас како грми поред мене.

– Спуштај једра! Спуштај и притегни једра!

– Уплашио сам се и отрчао до морнара. Скачу они на троугласта једра, а ја уз њих. Успентраше се на она укрштања, и ја горе. За пет минута спуштена су једра. Али, капетан је и даље викао, псовао и

---

[1] Игра речи у грчком ’Αλιτσέρι – Καλιγέρι. – *Прим. ред.*

клео. Посматрао сам га – анатема га била – и слушао шта говори.

– Бре, шта је, упитао сам морнара поред мене, док смо везивали горње једро.

– Пумпа, бре – зар не видиш? Вихор![1]

Вихор! Престравио сам се. Слушао сам о његовим чудима како односи све пред собом, кида једра, чупа јарболе, преврће бродове. Сада сам га својим очима гледао. Није био један – била су три, четири водена стуба. Два према Батумију, а остали близу – на пучини. А испред нас, натмурени Кавказ, показује своје растурене обале. Небо прекривено облацима, море се зацрнело, лагано подрхтавајући, као да има грозницу. Први пут сам видео да се мој пријатељ, море, уплашило.

Један танак стуб извијен, као слонова сурла, виси над водом, таман и непомичан. Други, позамашнији, у непосредној близини, поломио се, наједном, по средини, као димњак, доњи део се расуо по мору, а његов језичак остаде да виси у облацима. Видех га, како ту и тамо, протеже свој врат и врти кићанкама, као змијским језиком, мислиш, као да тражи нешто по води, па се одједном склупча и угнезди у мраку. Трећи, пак, пепељастоцрн, као стабло тополе, пошто је доста воде усисао и добро се надувао, крсну на нас.

– Доле, бре! Доле! зачух глас са касара.[2]

Окренух се; морнари су се већ спустили. Гледао сам ово чудо, сав изгубљен, држећи се добро за корзету. Отклизао сам до капетана и видео како сузним очима, гледа ову авет. У десној руци је држао нож у црним корицама и стајао је иза јарбола код прамца, као да је ту правио утврђење. Ту близу је вођа палу-

[1] Ὁ σίφονας: морска пијавица, вихор, од античког грчког σίφων. – *Прим. ред.*

[2] То κάσαρο, прекривени део прамца на дрвеном броду. – *Прим. ред.*

бе пумпао воду зарђалом пумпом, а око њега, уво-
штени морнари, гледали су час у небо, час у море.

Ипак, вихор је наставио да се приближава, брз
као муња, увлачећи воду и бацајући је у небо, и пра-
већи црну маглу и невреме. Помислио би човек, или
ће сада да нам потопи брод или ће га немоћног по-
дићи високо. Од нас је био далеко само две дужине.
Блештао је, сав округао, светлозеленкаст, као зади-
мљено кристално стакло, а у њему се спуштала и ди-
зала шиба, која као да је хтела да угаси велики по-
жар на небу.

– Терет, нареди капетан.

Вођа палубе је празнио пумпу изнад њега. Старе
наковње, олово, кучину – све се скотрљало на њего-
ву страну. Изгледало је да подрхтава, па је стао. По-
ново је покушао да се покрене, два пута се у месту
окренуо, и опет се зауставио, преплићући море и не-
бо.

– Ништа нисмо постигли, рече озлојеђено капе-
тан вођи палубе.

– Видим то и сам. Направи пентаграм, капетане,
а кривицу ћу ја сносити.

– О Боже, згреших, шапну овај одлучно, крстећи
се.

И ножем уцрта пентаграм на јарболу и рече три
пута:

– На почетку би Реч и Реч би у Бога и Реч би
Бог. Па забоде нож у средину пентаграма, као да га
забада у утробу чудовишта.

Зачу се прасак, као да је топ опалио и велики та-
лас се стушти на палубу. Истовремено, блесну и
Кавказ, урлици се громогласно расуше, поче јака
олуја, а море, застрашено, лудачки се усковитлало и
удара с краја на крај.

– Развијте једра, нареди капетан, сав ужурбан.
Ужад! Трапезаста једра! Победите мрачне силе!

Развисмо једра и лађа поново пронађе правац.

Три недеље касније спустили смо се са товаром у Цариград. Ту сам добио прво писмо од мајке. Прво писмо – први нож у срце:

„Сине мој, Јани мој, писала је старица. Када се вратиш на острво, уз помоћ Светог Николе и мојих молитви, нећеш више бити син капетана. Нема више твога оца, нема лепе шкуне, оде наш понос! Све их је прекрило Црно море. Сада више ничег немаш, осим пусте куће и мене и Бога. Нека је све у твојим рукама! Ради, дете моје и поштуј свога стрица. Ако ти остане нешто новца, пошаљи ми да запалим кандило Свецу, за душу твога оца.“

Скрстио сам руке и сузним очима гледао у море. Те речи у писму су ми изгледале као закључак свега што ми је отац говорио. Толико година је био вођа палубе а сада његова удовица чека да јој ја пошаљем коју пару да му направи кољиво за парастос. А оно његово тело са челичним мишицама, ко зна где је сада, који му галеб кожу кљуца, а који талас му бели кости.

Али авај! Последњи пут смо се срели онда када је стигао у Теодосију. Када ме је видео тамо горе, како опуштам троугласто једро, прекрстио се и остао без речи.

– Што га тако гледаш, капетане Ангеле? викну му Калигери. Не бих га мењао ни за твог најбољег морнара!

Ја сам се свим силама молио мору да се отвори и да ме прогута. Што сам више његов поглед осећао на себи, све сам узнемиренији био. Трчао сам, ужурбано, с једне стране на другу, спуштао сам се на прамац, пењао се на касаро, пролазио уназад, узимао чекрк, радио на пумпи. А он је видео да сам узнемирен, па није устајао са свога места, него ме је само пратио погледом цепидлаке, као да ме је гледао на гробљу.

Идућег дана, ухватио ме је када сам ишао у град. Чим сам га издалека спазио, хтео сам да се сакријем; али његов покрет главом био је, чак оданде, толико заповеднички, да сам се укопао у месту.

– Бре, сине, шта ти се десило? рече ми. Јеси ли добро размислио шта ћеш да радиш?

Први пут сам чуо да ми се он обраћа нежним гласом. Али, нисам се збунио:

– Оче, рекох му, размислио сам. Овај мој пут може да буде и лош и суров, али ја немам воље да радим било шта друго. Не могу друкчије да живим; море ме зове. Немој да покушаваш да ме у томе спречиш. Пусти ме да будем овде где сам – у супротном, одлазим и никада ме више нећеш видети.

Прекрсти се, застане мало, погледа ме право у очи и заврти главом:

– Добро, сине мој, рече ми, уради онако како ти Бог заповеда. Ја сам своју обавезу испунио. Ни пара, ни речи нисам штедео; сети се тога, да ме не проклињеш касније. Молим се за тебе, иди с миром!

То је била његова последња молитва, а моја прва жалост. Али, море је, на првом путовању, исплатило моју љубав. Без обзира на мајчине савете, нисам више могао ни да га поштујем, ни да радим за свог стрица. Помислио сам: ако већ треба да постанем морнар, уз помоћ Божју, онда то могу да будем и на другим бродовима. Боље ми је да трпим увреде и псовке неког странца, него свог рођака. Одлучио сам да се искрцам већ у првој луци, па нека ме срећа прати.

– Срећа да те прати? Чекај само да видиш, рече ми капетан Калигери, када је прозрео моју намеру.

Једнога дана, пошао сам да му тражим уље за јело.

– Нема, каже ми, једе га онај који седи за крмом. Другог дана – иста прича. Трећег – опет исто. Једном, средим ја да одем за крму, узмем Светог Нико-

лу и завежем га за мењач и оставим га ту непомич-
ног. Брод поче да се окреће по мору, као луд.

– Бре, Јани! викну капетан. Кога си оставио за
крмом?

– Оног, који једе уље.

Морнари се искидаше од смеха.

Наљутио се.

– Да се купиш! вели ми. Брзо скупљај своје ства-
ри и напоље!

– Одлазим, али прво рачун!

Одвео ме у кабину и почео, већ по навици, да из-
влачи рачун.

– Тога дана смо се договорили; овог дана си до-
шао овамо; следећег си донео своје ствари, идућег
смо кренули, а наредног си почео да радиш. Је л' та-
ко било?

Ни мање, ни више, пет дана ми је ускратио. И не-
ка је, опет је добро.

– Тако је било, одговорих му.

Изашао сам у Месини, са два цванцика у џепу.

Сада почиње морнарски живот, и све оно што
иде уз њега. Живот и тежак рад; као прави мрав.
Мрав на послу, али не и у друштву. Како да се дру-
жиш, кога да нађеш? Сваки дан, једно те исто – ра-
диш и једеш. За пар ципела, плата. Купиш кабаницу,
оде друга. Провод на Кемер Алтију – још једна пла-
та. Ако си месец дана без посла, шест си у дуговима.
Мучиш се да нешто уштедиш, да постанеш газда.
Али, срећа у несрећи, убрзо ми је ове муке прекину-
ла смрт; умрла је капетаница, моја мати, и тако смо
се смирили. Десет година сам провео на мору – са
брода на брод, од капетана до капетана, са пута на
пут. И дању и ноћу су ми очеве речи одзвањале у
ушима. Ма коме сам ја скривио, чему сам дужан?
Окончај ове муке! Ех, да ми је чокот винове лозе на
обали, одмах бих се ове беде решио. Али, немам га!

Тада сам одлучио: или ће ме море хранити, или ће ме уништити. Добро, дакле; нека буде живот пун благодети! Посао и провод. Да нисам можда био калуђер? Никако, па сви морнари тако јадикују. Радио сам на много бродова и сретао много странаца, али им нисам нимало завидео. Судбина морнара је свуда иста. Псује те капетан, презиру те докери, страхоте на мору, гурају те с обале. Куда год да се окренеш, увек си у погрешном правцу.

Једном, када сам био у Пиреју с енглеском фрегатом, рекох себи да одем и до свог завичаја. Нисам долазио кући још од онда кад сам отишао од капетана Калигерија. Судбина ме је бацила у висине, а сада ме, као чигру, спушта на земљу. Када сам дошао, затекох пропалу кућу, мајчин гроб зарастао у траву и ситну, али стамену, моју вољену девојку. Дали смо опело мојој мајци, упалио сам свећу за покој душе мога оца и погледао моју стару љубав. Када сам је боље погледао, сав сам се стресао. „Ко зна, можда је добро што сам се преварио; да сам слушао шта ми је отац говорио, можда бих сада био ожењен Маријом?"

Њен отац, капетан Парари, био је стари капетан брода, вршњак мога оца. Имао је среће на мору, добро га је искористио, а онда је налетео на прилику да прода брод, па је купио њиве и на њима направио воћњаке. Заувек је оставио пловидбу.

Имао сам намеру да следећег дана одем код ње, али нисам отишао. Нити наредног дана, па ни друге недеље. Нисам знао шта ме је спречавало – јер посла нисам имао. Мало-помало, севнула би ми једна мисао: „Да сам слушао шта ми је говорио отац, можда бих данас био ожењен Маријом?"

Данима сам пролазио испред њене куће. А у сумрак, долазио бих да је гледам како иде путем према извору да наточи воду. Ма шта ја хоћу, шта тражим? Заљубио сам се у Марију. Када бих је гледао како пролази оборене главе, а стаситог држања, буј-них груди и распуштене косе која јој је падала низ леђа, желео сам да је дохватим.

Онај исти магнет, који ме је привлачио још као немуштог дечачића на море, сада ме је тако привла-чио ка овој жени. С истом оном страшћу сам уско-чио у паукову мрежу ове лепотице. На мору ми је проводаџија био капетан Калигери, а овде – старица Каломира. „Не одлазим, док не чујем одговор“, го-ворио сам себи.

Проводаџика је успешно обавила свој посао. Го-ворила је да сам ја мед и млеко. И тако је задивила и девојку и њеног оца одмах.

– Да ти кажем, рече ми капетан Парари једно ве-че, часне су и добре твоје намере. Кога бих више по-желео у својој кући од сина мога пријатеља и мога брата. Марија је твоја, али под једним условом: мо-раш се одрећи мора! Оно што је говорио твој отац, кажем и ја: море нема вере, нема милости. Остави-ћеш, дакле, море.

– Али, шта да радим? рекох му. Како да живим? Добро знаш да други занат нисам изучио.

– Знам то. Али Марија има свој посао.

– Дакле, да узмем жену, да ме храни?

– Не, неће те хранити, немој да се љутиш. Не же-лим да те увредим. Радићеш и ти; радићете обоје. Ту је воћњак, ту виноград, и њива. Само чекају радни-ке.

А истина је била да ја ништа друго и нисам хтео. Одрекао сам се мора и напустио га. Постао сам као Свети Илија, који је ставио весло на раме, попео се на планину и потражио огњиште тамо где му људи нису знали име. Ни име, ни живот. Тако је и са мном било. Лепоте и чари мора нису за мене више биле тајна; чаролија је нестала.

– Договорили смо се, рекох му. Имаш моју реч.

Три године смо Марија и ја провели заједно горе у Трапију, у селу мога таста; три године правог живота. Научио сам да копам и радио сам са њом у воћњаку, винограду и на њиви. Нисам био свестан колико је време брзо пролазило. Рад и љубав. Час смо окопавали, час смо одлазили испод лимуна, као два птића, тек излегла. Научио сам да орезујем виноград, да обрађујем лимунова стабла, да орем њиву. Годишње ми је остајало педесет талира од лимуна, двадесет од вина, од жита четрдесет, без трошкова за семе и за кућу. Први пут сам у својим рукама имао „живу" зараду. Немушта земља је успевала на хиљаду начина, бојама, облицима, мирисима, плодовима и цветовима да каже „хвала" за то што радим на њој. Отварао бих бразду и она би остајала ту, на свом месту; прихватала је семе, штитила га од птица, грејала би га и влажила, све док оно не би преда мном изникло свеже, зелено. И све златасто. Као да је тиме хтела да ми каже: „Погледај како сам га опоравила!" Скидао сам са чокота лозе све што му је сметало, а он би, плачући од радости и подрхтавајући, отварао своје очи, као лептир, и наједном би се препунио гроздовима. И лимуново дрво сам чистио, а оно, танко као прут, предивно, расло је високо, високо... и поносно бујало; поклањало ми је хладовину у поподневном одмарању, а ноћу – снове пуне опојних мириса, а освежавало ме је и својим светложутим плодовима. Ах! Бог благословио земљу што јој подари осећања. А не оно безосећајно чудовиште, којем правиш бразде, а оно брже-боље жури да ти закопа трагове; пазиш на њега, хвалиш га, певаш му, а оно те одбацује, гура од себе, као да хоће да ти каже: „Шта тражиш овде?" и онда се сручи на тебе да ти ископа гроб. После тог његовог злодела, чак би га и морски Каин оставио.

Кад је сунце залазило, ми смо се враћали у село. Напред иде она са несташним козама које су биле украшене звонцима; иза ње сам ишао ја са мотиком на рамену и са мазгом натовареном дрветом за огрев. Марија би палила ватру да нам спреми вечеру, а ја – своју лулу, седећи на прагу куће, наслонивши се на лозицу која се гранала по зидовима, а поред мене босиљак, нана и мајоран, око којих није требало много да се ради, али су нас обасипали миомирисима.

– Добро вече!

– Добро вече и теби!

– Лаку ноћ!

– Добро јутро!

Размењивао бих срдачне поздраве са својим комшијама и мештанима. Нисам више гледао у небо и нисам више проучавао месечев положај, нити благо светлуцање звезда; нисам знао како дува ветар, нити када птице одлазе на исток. И када бих увече хрлио својој женици у загрљај, ни један залив ни лука не би могао ту срећу да ми надокнади!

И тако је прошла друга година, и уђосмо у трећу.

Једне недеље, у фебруару, спустих се са својом женом до Светог Николе. Њен брат од тетке, капетан Маламо, освсшптавао је свој брик.[1] Позвао нас је у госте, да са њим поделимо то весеље. Био је предиван дан – а, уједно и почетак моје жудње. Бродоградилиште је било пуно грађе, катарки, дасака, пиљевине и стругvотине. Ваздух пун мириса морске соли, катрана, смоле и ужади. Брда кучине, гомиле гвожђа. А дуж обале, од једног краја до другог, низале су се прелепо офарбане барке, па брикови – спремни за покрет, затим, голете[2] с оружјем и карине[3]

---

[1] Брик – брод са два јарбола. – *Прим. ред.*

[2] Голета – једрењак са два јарбола. – *Прим. ӣрев.*

[3] Карина – доњи део бродског скелета. – *Прим. ред.*

прекривене остригама; костури кајака, шкуна и брзих чамаца, неки с гавраном и крстом, неки готови до ограде, неки напола завршени. Све што је било везано за поморски свет, сви алати и оруђа, као и оне обичне страсти и велика очекивања, истесане из тог дрвета, били су на песку. Сви гости, цело острво, свечано обучени, спуштали су се до бродова, деца су скакала на њих, а мушкарци их опипавали, дивили им се и причали им; процењивали су њихову вредност, рачунали колику брзину могу да развију или су саветовали мајсторе о много чему.

Брик капетана Малама, који је још увек био на скелама, и са палубом углачаном као оштрица мача, са венцем на прамцу, и са сидрима која су била положена лево и десно, личио је на неку стоногу, која је спавала на песку. Светлозелено море је светлуцало и поигравало се; па би својим језицима досезало до његових ногу; прскало би га пеном, цвркутало би му, тајанствено и уверљиво: „Хајде! Дођи да те примим у свој загрљај, да ти подарим пољупце! Шта седиш ту, као успавани трупац без душе? Зар ти није досадила шума и безвољни живот? Срам те било! Излази напоље да се бориш са таласима! Нападни грудобраном ветар, исцепај га! Дођи да ти завиде китови, да се дружиш са делфинима, да се одмараш са галебовима, да певаш са морнарима, да те хвали капетан! Хајде, злато моје, дођи...!“

И опет, препознах у себи оно неискусно дете које се врпољи и не да ми мира, и које је, сваког часа, спремно да напусти свој дом.

Капетан Маламо стајао је тамо, свеже обријан, у чакширама од чоје и са широким појасом, а поред њега је била његова капетаница, обучена у свилу и кадифу. Обоје су сијали, као да се опет венчавају. А виолина, лаута и фрула шириле су своје радосне звуке у бескрајне даљине.

А ја – шта да вам кажем? Нисам се ни мало радовао. Седео сам на обали и посматрао море, које ми је допирало до ногу, а нека туга ме стигла и јако ми притисла срце. Први пут, после много година, гледао сам своју прву љубав, азурну, ведру и радосну. Веровао сам да ме гледа право у очи и да ми тужно прича, али и да ми приговара кудећи ме: „Неверниче, варалице, кукавице...!"

– Бежи од мене, сотоно!..., рекох му, крстећи се.

Пожелео сам да побегнем, али ми ноге нису дале. Тело ми је било тешко као олово и није се померало са камена; и моје очи, уши, и сва моја душа, предавали су се таласима и слушали њихово кукање: „Неверниче, варалице, кукавице!..."

Замало да заплачем.

– Еј, душо моја, шта мислиш? чуо сам глас поред себе; била је то Марија, увек лепа и насмејана, са својим стаситим држањем. Збунио сам се; као да ме је ухватила да је варам.

– Ништа, рекох јој, ни о чему!... Дај ми руку да устанем, завртело ми се у глави. И бацих се на њу, као да сам се плашио да ме море не украде.

Поп, у мантији, читао је молитву за пловидбу.

Протомајстор је почео да издаје наређења.

– Дижи сидро на крми!

– Дижи на прамцу!

– Дижи скеле!

Једна по једна потпора се скидала са скела и брик полако поче да клизи и да шкрипи укочен од дугог стајања и још несигуран у свом новом животу. Деца, која су се попела на палубу, трчала су од прамца до крме с једне стране на другу сва заједно, као стадо домаћих животиња.

– Напред, узвикну протомајстор.

Сви га гости погураше, брод застења и као патка склизну у море, заједно са својом голобрадом посадом.

– Срећан пут, капетане Маламо, срећан вам пут! И позлатило вам се да Бог да, викали су морнари.

Али, у том тренутку, неко дете се удари и паде онесвешћено у море. Нисам губио ни трена, скочих обучен у воду. Загњурио сам се два пута и извукао дете. Њега сам извукао, али сам себе тада поново увукао у морску мрежу. Од тог тренутка нисам више имао сна, изгубио сам радост. Тај скок у воду и та хладна вода, која ми је обгрлила тело, поново су ми заробили душу. Сећам се да сам помислио да је нешто живо ушло у моје тело и силно ме вукло.

Нисам се више хватао посла. Покушавао сам да идем у воћњак, на њиву и у виноград, али само сам се мучио. Враћао сам се на обалу и тамо проводио цео дан; ронио сам, удисао мирис соли, превртао се по морској трави, ловио морске јежеве и рачиће. Често сам силазио и до луке и стидљиво прилазио дружинама морнара да чујем шта причају о бродовима, путовањима, олујама и бродоломима. Међутим, они ме уопште нису примећивали. Видите, ја сам био сељак, земљорадник, а они – морнари, дивљи делфини! Млађи морнари су ме посматрали чудно, као да су хтели да ми кажу: "Ма, одакле се створи овај снагатор!" А, старији су ме понекад тражили да ми кажу:

– Ти, Јани, за свагда си везао своју ужад. Не бојиш се више ни ветра ни мора. Усидрио си се – што ће рећи: готов си, умро си, не живиш више на овом свету!

И поново сам одлазио на обалу да своју тугу поделим са таласима. На крају сам поново почео да правим прелепе бродиће са зеленкастим јарболима од храстовог дрвета, с ужадима и једрима, и својом бујном маштом од њих стварао једрилице.

Марија ме је гледала и крстила се. „О, Богородице моја, муж ми је полудео!", говорила је. И палила је кандила Богородици с острва Тена, па би босонога одлазила у капелицу и носила моју одећу да је освешта; ноћу и дању се бусала у недра и молила свеце да ме дозову памети.

— Марија, што идеш тамо, шта тражиш, рекох јој једног дана, у мојој болести не помажу ни кандила ни свеци. Ја сам дете мора. Оно ме зове и отићи ћу. Можда сада, можда касније, вратићу се своме занату.

Како је то чула, обукла је црнину.

— Свом занату? рече. Опет ћеш да будеш морнар? Опет да спаднеш на то да будеш морнар?

— Да: морнар! Не могу. Зове ме море.

Али она! Ни да ме види, ни да ме чује. Поче да плаче, да ме моли, баца се на мене, привлачи ме на своја недра, прекрива ме пољупцима. Псовала је море, кудила га, проклињала. Зло и наопако! Ни њене груди ни пољупци нису могли више да ме задрже. Ништа ме није привлачило, чак ни моја постеља.

Једно вече, док сам седео на рту, угледам неку фрегату са подигнутим једрима. Личила је на огроман камен у мору. Сви јарболи су се јасно видели. Видео сам и троугласта и четвртаста једра, па трапезаста, а и она која су се везивала за јарболе, све њене ручке и ужад. Видео сам чак и средишњи носач брода. Видео сам капетанову кабину с подигнутом иконом Светог Николе и неугасивим кандилом. Видео сам лежаје морнара, чуо њихове разговоре и осетио њихов кисели мирис. Видео сам и кухињу, бурад за воду, пумпу и чекрк. Спусти ми се на душу тешка туга. Чуо сам како јарболи шкрипе на ветру који пева о морнарском животу. Пролазе испред мене девојке, плаве, смеђе, црнооке, окићене цвећем и голих груди, дарују ми пољупце. Видео сам и бучне луке, таверне пуне дима и чаша за вино, тимпана и лаута милозвучних. Тамо, зачуо сам једног морнара како на мене показује својим другарима и каже:

– Ено и једнога који се одрекао свега доброг на мору из страха!

Стресао сам се на то. Не из страха – никада! Јурнем кући; Марија је отишла до потока. Скупим одећу на рамена, узмем уштеђевину испод јастука и искрадем се као лопов. С мраком сам стигао до Светог Николе, одвежем једну барку и стигнем на фрегату.

Отада, живот као фантом. Рећи ћеш ми нисам ли се покајао? Ни сам не знам. Али и да се вратим сада на острво, опет се не бих смирио.

Зове ме море!...

ЗВЕЗДАНА

Звали су је Звездана[1] зато што су њена два кестењаста ока, крупна и бистра, светлуцала као две звезде. Њима је гледала људе и дрвеће, животиње, море и куће, као да је то све за њу стално било нешто ново и први пут виђено у животу. Тако мора да је и Ева гледала дела Божја, када је први пут отворила своје очи на светлост дана. Била је још девојчурак, незрела за велику љубав која жари људска срца и из њих извлачи искрице ватре, као када се врело гвожђе кује на наковњу. На свим својим блузицама волела је да извезе по три цвета. Лево на својим малим грудима тек напупелим. Један цвет је била бела рада, други – дан и ноћ, а трећи – нико није могао да разазна шта је, јер није личио ни на један цвет. Зелени пупољак са много пурпурних, танушних нити у средини, а около – цео низ црних тачкица. Никада није хтела да измени макар једну петљу у том свом дечјем везу.

А он се смејао овом чудном цвету који је био на свакој њеној блузи, увек неприродан и необјашњив.

Упитао би је онда:

– Шта ти значи та ствар?

А и она би се смејала из свег срца, као што се смеју деца, јер је била дете. Смејала би се и говорила му:

---

[1] На грчком 'Αστρούλα, од речи за звезду. – *Прим. ред.*

– Ово је цветић љубави. Само оооовде. Расте само овде.

Рекла би „овде“ и ставила прст лево, на своје тек напупеле груди.

Носила је у себи Звездана велику чежњу за путовањима.

Никада у животу није путовала, зато што јој је живот био на почетку, и зато што за путовање треба много новца. А осим тога, он је био један сироти уметник, који се никада није макао из Атине. Обоје су били са копна. Волела је упркос томе малена страсно путовања, и често је ноћу бунцала о далеким морима, која су зелена као бескрајна ливада с детелином. И причала је о неким острвима, која су плутала сама самцијата по огромним океанима, пуна цвећа, са пупољцима великим као ћупови. Имају црвенкасте листове, јер се напајају крвљу. И још о неким живахним животињама, нежних ногу и танким као индијанска трска, са скупоценим плавим крзном и ружичастим очима.

Она је причала о томе до најситнијих танчина, и он је схватио из њених очију, да је она све то већ негде и некада видела и знала сваку појединост.

Загрлила би га око врата својим тамним рукама, гледала га молећиво изблиза и чежњиво говорила:

– Води ме на пут, вољени мој. Стави ме на велики брод и поведи ме на пут. Хајдемо на велика мора с пустим острвима. Да видимо антилопе ружичастих очију. Да ми покажеш цвеће које се храни крвљу, које као да заборавља на своју децу у корену, па их прво штити својом сенком и храни их својим мирисом, а потом се надвије над њима с оним црвеним пупољком и једе их. Хајде да видимо неко друго небо, где звезде имају друкчији распоред. Тамо, где сунце излази у поноћ, изнад мора, када све утихне, и када сви спавају, и људи и животиње, и када разнобојни пламенови ватре обасјавају небо. Води ме на пут, вољени мој...

Тада би је он ставио на колена, држао је у наручју и певао јој успаванке и причао приче, као када се детету спава.

Гледао би у њене усхићене очи, па би одатле читао и причао јој о свим тим необичним путовањима, која је она толико прижељкивала у свом срцу. У њеним очима су пролазили натоварени бродови, разапетих једара; пролазила је читава парада јарбола, са трапезастим и троугластим једрима. И сви су они пловили у земљу снова, украшени разнобојним лепршавим заставама и шареним сигналним заставицама и барјацима непознатих царстава. Пролазили су и велики, плави и зелени таласи, са жилама од беле пене; пролазиле су и мекане, зеленкастосиве пешчане плаже, које су се покретале и светлуцале испод огромног зеленкастог месеца. Пролазила су у њеним очима сва чуда мора, која ниједан човек никада није видео.

А таквих предивних ствари и чудеса је било много.

И он је схватао колико је Звездана била у праву, колико је њена чежња била велика, и да је стварно било потребно, без одлагања, да се укрцају на неки брод и отпутују.

А затим су се укрцали на прву фрегату која је искрсла Звездани пред очима. Укрцали су се на њу и путовали, а она је била пресрећна у његовом загрљају. Брод је био снажне, задивљујуће конструкције. Жут као канаринац, са линијом вишњеве боје око целог брода испод ограде. Црвених бокова, а на маски прамца, испод чибука, била је нека фигура. То је била птица, јако чудна, као из неког збрканог сна. Раширених крила на обе стране, лица као у жене, и рибљег репа. Потпуно црна, од ебановине, само је крљушт на репу сребрнасто светлуцала.

– Како се зове наша фрегата? питала је Звезда-на, са великим интересовањем.

– Зове се „Африт". То име је исклесано на вели-кој бронзаној плочи, тамо иза подупирача на прам-цу.

– Африт! исто као и цариник у Халими, који ди-же и носи људе кроз ваздух?

– Е, баш тако!

– Шта ово звижди?

– То је капетан; звижди у сребрну пиштаљку да дижу сидро. Одлазимо. Збогом, Грчко. Узми и ти своју марамицу, поздрављају нас они који остају.

– Много ми их је жао...

– Срећан повратак! Срећан повратак!

И тако су они путовали, ноћима и данима, а он ју је држао у наручју, као поспано дете, и показивао јој је све дивоте путовања. Удаљили су се од грчких мо-ра, оставили за собом познате обале, а истовремено, пред њима су се отварала друга мора, која су их водила до океана. Ту вода више није била онако плава и провидна до дна, као у Егејском мору; тамо се простирало тамно и зелено море, као када се у шуми спушта. Ноћу би се таласи напунили љубича-стим пламичцима, који су трчали за бродом и јури-ли га, па би улазили у канал кобилице брода, као не-ко јато безбројних светлуцавих вилинских коњица. И тако се, једне ноћи, створи неки необични метеор, који је стајао високо, тамо на ивици, на предњем јар-болу, и таласао се као застава од зеленог пламена. А за њим, ето га и други, који се закачи на јарбол. Звездана их је запрепашћено гледала.

– То су духови океана, тихо јој шапну на уво.

– Јесу ли то добри духови? упита она уплашено.

– Наравно да јесу. Круже изнад воде по целу ноћ, вероватно да сретну неки брод, да појуре и да му се спусте на јарбол као уморне птичице. Не треба да се плашиш.

– Не плашим се...

Звездана је слушала и гледала, као омађијана. А он јој је показивао сваки детаљ овог чудесног и несвакидашњег путовања.

Научио је њу да слуша велику песму мора, која је просто неописива и тера човека да се удуби у мисли и уозбиљи, као када размишља о смрти. Звуци мора ширили су се у плавој ноћи – близу, издалека, одавде и оданде, са свих тачака и раздаљина, преко свих таласа. Испуњавали су небески свод својом задивљујућом симфонијом, као што звуци флауте испуњавају црквене оргуље. У тим тренуцима би обоје заћутали и пуштали би своје нејаке људске душе да лутају по високим таласима звукова, који би се са њима поиграли, као океан с ишчупаном морском травом.

Показивао би јој месец, највећи месец, који би ико могао да замисли у својим сновима. А месец се појављивао на небу онако златан, тамнозлатан, скоро боје меда. И висио би на небу, и клатио се изнад њихових подигнутих глава, наспрам брода, који се њихао – час тамо, час овамо, као у некој сребрној колевци. А она га је тако дуго посматрала, да су јој се очи напуниле месечином. Када се сагао и погледао њене златне очи, боје месеца, уплашио се и прекрио јој лице руком да је заштити.

– Девојке не смеју тако дуго да гледају овакав месец, рече јој.

– Зашто? упита Звездана, док је он на своме длану осећао њене дугачке трепавице које су немирно поигравале, као крилца неког заробљеног лептира.

Поново га упита:

– Зашто?

– Тако... зато што се жене разболе, ако јако дуго гледају у пун месец.

Ноћи су биле вреле и слатке. Шириле су свој заносни мирис морем, заливане опојним мирисом цвећа из дубине. Доносиле су мирисе на крму на палуби брода. Одатле су њих двоје посматрали кишу звезда како падају у океан, а да се ништа није чуло.

– Шта се догађа с овим звездама када падну у море? питала је Звездана.

А он јој је објаснио:

– Онда оне постају бисери. Када падну у дубину, доле их чекају, с отвореним устима, неке седефне шкољке. Тако их држе у себи док их Малајски рониоци не изваде.

– Какви су ти Малајци?

– Тела су им смеђецрвенкаста, као бакар, и увек иду голи. А и ћосави су.

А онда, једне ноћи, на месечини, одједном се појавило острво.

На њему је расло дрвеће које се спуштало чак до обале, и извијало се више и од бродских јарбола. Сигурно је било пуно чудноватог воћа које је висило у густим крошњама које су се при врху отварале као кишобрани. На дрвећу је било и неких огромних поморанџи, као лубенице: када би неко загризао и начео ту златну кору, могао би се напити њиховог слатког, освежавајућег сока. Можда је то воће имало чак неки сок од којег можеш и да се напијеш, као од вина или да од њега видиш снове који би ти тело испуњавали слатком језом и знојем.

Дуж обале овог острва била су поређана нека црвенкаста светла.

– Шта је ово? питала је Звездана.

– Да питамо капетана, рече он, да нам каже.

Нагнувши се мало према Звездани, капетан јој објасни да су то антилопе са плавим крзном, а да њихове ружичасте очи, у ствари, тако светлуцају, као фењери.

– Хајде да изађемо да их видимо! викну Звездана.

– Како ти кажеш! рече капетан, и свирну својом сребрном пиштаљком да усидре брод на пешчаном жалу.

Изађоше на острво, и стварно, биле су то антилопе које су сада изблиза гледали. Очи су им светлуцале као велико семе нара. Када је свануло, угледаше и јато паунова које је Звездана толико волела. Вукли су своје раскошне репове, и шетали се јако успорено, као неке даме на ноћним забавама. Затим су их отварали, па би и тада личили на лепе госпође које су благо махале својим лепезама. Тамо су видели и много мајмуна који су личили на људе, и људе, који се нису разликовали од мајмуна, тако да, на крају, Звездана више није знала ко је ко. А затим је пала ноћ, и опет се појавио месец, као некакав сазрели чудесни плод који виси на дрвету дивљег ораха и чека свој тренутак када ће се откачити и пасти.

Отишли су с овог острва и упутили се источнијим острвима, још даље према Истоку.

Сунце је било добродошло и баш је пријало телу. Над водом су се надвијале велике процветале трешње, а гране су им се замрсиле у јарболе, па је цела палуба била пуна попадалих латица и цвећа.

– Пада цветна киша! викну Звездана.

Тада се један млади морнар, Арапин, који је умотавао ужад и чији су бели зуби сијали, јер се непрекидно осмехивао, окрете и погледа је. Дуго је гледао Звездану и смешио јој се, целом ниском белих зуба који су били поређани као дирке на клавиру. А како се спуштала ноћ, зуби младог Арапина још су више блистали у сутону, као слонова кост. Ослонио се на један сандук и почео да пева неку необичну песму. Песма је допирала до Звездане, пуна неке дубоке чежње, и чинила је то вече још нежнијим. Песма је говорила:

„Црна је, црна, арапска душа, још црња од црног корала. Шта то дрхти, као зрак зоре, у тамним таласима? Лабуде, бели лабуде из Грчке, да ли ти то померáш крило а мени се ум мути? Нека Бог благослови црне таласе. Нека се на њих спусте сребрни голубови месеца, да се одморе на црним таласима!"

А брод је и даље пловио уз обалу.

– Шта је ово овде? упита Звездана.

– Да питамо капетана, каже он поново.

Упитају капетана и он им каже да су то јапанска острва, зар не виде трешње које на све стране висе изнад мора?

– Наравно, као на јапанској свили.

Биле су сјајне, сјајне.

– Ко је овај капетан, који зна сва острва на свету и кога стално нешто питамо? упита Звездана.

И он поче да јој описује капетана брода „Африт":

– То је човек преплануо, плав, оштре, глатке косе, увек лепо обријан. Носи морнарску капу, увек накривљену на леву страну, а када шета палубом, увек су му руке у џеповима панталона, и има у устима лулу од вишњевог дрвета. Капа му је увек беспрекорно чиста и бела.

– И... какав је још?

– Има тамносиве очи, које у подне постају плавозелене, боје узбурканог мора. Када пада киша, носи кабаницу са капуљачом, и дубоке чизме до колена. Тада му се само очи виде. Он је прошао свим морима света – од крајева где се бели медведи шетају по кристалним парковима, до места где се хлеб пече на сунцу. Зна све најчудније тајне океана и познаје све звезде у њиховом сазвежђу, поименце. И путује непрестано.

– Никада не одлази на копно? пита Звездана.

– Никада. Узме двопек и вино, узме хране из луке, па се поново огласи сирена и диже сидро. Тако ће путовати док не умре. И кад умре, биће насред океана, да би му сандук бацили у морске дубине.

– И зато су његове очи такве? пита замишљено Звездана.

– Зато.

Заћуташе.

– Он је јак и леп? каже одједном Звездана.

– Да. Када почне олуја, он својим снажним шакама чврсто држи крму и никакво невреме не може да помери његове руке. Бори се рукама са морем, исцрпљује га и онда невреме прође.

А Звездана уздише.

– Ако се догоди велика олуја, човек може мирно да се сакрије иза његових леђа и без страха сачека да се тај ужас заврши.

– Наравно, он је храбар и добар.

– И путује док не умре?

– Путује, стално путује. Док не умре.

Ведра је и свежа ноћ на обалама јапанских острва. Небо је пуно звезда у облику трешњевог цвета, а трешње су пуне цветова који личе на звезде... Млади Арапин пева своју чудновату песму, у тами. Његови зуби светле у ноћи, а његова топла песма допире до Звездане. Долази до ње и моли је, а нико не зна зашто; та песма се савија и умотава као змија, са меким, светлуцавим језицима; па се повлачи, а онда се опет усправља, и окреће у свом болу.

Одједном, песма престаје.

Затим лаки, тихи удар по мирној води.

– Човек у мору! виче посада.

Сви скочише у воду. Звездана се нагнула преко ограде, и као луда стоји тако над морем. За тренутак види беле зубе како јој се осмехују из тамних вода. А онда, ништа.

Тресе се целим телом и плаче.

– Зашто је то урадио? питала је.

– Зато што те је много гледао и много ти певао.

– Како је нестао тако одједном...?

– Сада у овим водама, круже ајкуле у јатима, каже капетан, не освpћући се према оном месту. Да је дан, видели бисте на месту где је потонуо како из дубине извире, велика црна мрља, као пена.

– Црвена.

– Не црвена. Црна. Таква је људска крв овде у океану.

Изговорио је те речи капетан потпуно мирно.

А он је опет узе у своје наручје, као поспано дете, и наједном је ово путовање постало још лепше, чаробније и страшније.

*

Једнога дана, чекао је Звездану, а стиже њено писмо.

Отворио га је и прочитао:

„Вољени мој, опрости ми, ако можеш. Упознала сам капетана и не могу више да будем с тобом. Сећаш се? Оног капетана с којим смо били на „Африту“, до јапанских острва. Имао си право. Управо је онакав како си ми га описао. Очи су му боје узбурканог мора. Носи дубоке чизме до колена, и капу накривљену на леву страну. Брод му се више не зове „Африт“, већ „Посејдон“, али није важно. Он је снажан и леп. Бори се са морем рукама и исцрпљује га. Ја одлазим са њим на океан. Свуда ће ме водити. Опрости ми што те остављам, вољени. Плачем док ти пишем. Не знам да ли од туге што те остављам или од радости што одлазим са њим. Збогом.

Твоја Звездана“.

Читао је и поново читао, опет би почињао да чита слог по слог, док од суза више није могао да разазна ни једно слово. Стајао је насред своје мале собе, стајао је слушајући како се у њему све руши. Цела се зграда рушила у њему, а он је преплашен слушао и ништа није схватао. Можда је све то била чудесна сценографија коју је сам изградио, утрошивши на њу сву своју душу и машту, а сада му се цела та сцена срушила на главу? Осетио је да је закопан испод рушевина свих својих снова и никада није веровао да бол може да буде тако оштар у срцу, и тако отрован на језику.

Са његовог прозора назирао се Акропољ са Партеноном кроз јутарњу измаглицу. Видео се и део Химета[1], али не и море.

Ипак је подигао своју марамицу и махнуо, поздрављајући на даљину, поздрављао је плачући.

Као да је високи брод био бели храм који плови по ружичастој измаглици и као да су јарболи брода били његови стубови, а једра кровови.

---

[1] Брдо у Атини. – *Прим. ред.*

НЕМА БРОДА

Барка плови према Неаполију, који је удаљен отприлике три миље од Митилене. У барци је била једна плава девојчица, а до ње је седео младић; изнад њих био је бели застор, небо без иједног облачка. На крају је седео барба Стамати, држећи крму својим поцрнелим, измученим рукама, пуним жуљева. Барба Стамати је био стари морски вук, пловио је стално мореузима Црног мора, али сада је имао само малу барку којом је превозио ово двоје младих људи из њиховог места у Неаполи.

Младић је нервозно пролазио рукама кроз воду, као да хоће да убрза барку. Али убрзо престаде то да ради, јер је било некорисно.

– Како сам радостан... прошапута једино, узбуђено.

Тада му девојчица исприча своје тајне снове: Плави анђео је ноћас поново слетео на Егејско море, дошао у њен сан, лупио је крилима по глави. Он је био њен добри пратилац; кад год би у њеном животу требало да се догоди нешто велико или ново, анђео би дошао да јој помогне. Тако је било и ноћас; када га је упознала, упитала је:

– Да ли је добро или лоше?

Зато што анђели увек имају смирен израз лица, па не можеш да погодиш шта мисле.

– О, биће јако добро!

– А колико ће то добро да траје; један дан, два... колико?

Анђео је помиловао по плавој коси и одговорио:

– Сви дани ће бити добри.

Окрену се и погледа свог пријатеља право у очи.

– Значи, стално ће бити добро? упита га устрепталог срца.

А он јој потврди сигурним гласом:

– Сви дани ће бити добри.

И тако је барка пловила према Неаполију, а са њом и снови на таласима Егејског мора. То су били снови о једном обичном и безбрижном животу, које могу да сањају само они који имају тај дар да верују у будућност, у друге, да верују у себе.

Од изненадног налета ветра рашири се једро, барка се нагло пови на страну, а девојчица узвикну:

– Ах!

Хтела је да се ухвати да не би пала. Барка је била свеже обојена, прсти јој се упрљаше бојом. Престрашена, обрисала их је о весла, па су црвени неправилни отисци прстију остали свуда. Младић је извадио марамицу и обрисао јој руке. Погледала га је у очи, а онда су се обоје насмејали.

– Зашто се плашиш? рече јој. Сада сам ја са тобом.

Полако су се загрлили. Ветар више није дувао. Када су стигли, прво је младић искочио на обалу, а онда јој пружио руку да јој помогне. И тада, пре него што се препустила његовим снажним рукама, заискрио је и изашао из празног живота, обичног, пуног неке исправности, затреперивши у тој плавој празнини, немилосрдан као нож кад пада, и свети: поглед.

Нико други није требало да види овај поглед, нико, једино небо и море. Али, ту на обали, где су се искрцали, налазило се поље трске; иза трске, видела су се четири тамна ока. Биле су то две девојчице, испијених и строгих лица, безизражајних и непомичних, која су лоше утицала на пријатну атмосферу.

Запазиле су тај „свети поглед" који је био порука анђела, а затим су посматрале младића и девојчицу како излазе из барке и нестају у шумици. Једна од њих је држала за руку другу девојку и ни речи нису проговарале; само је укочени израз њихових лица, истоветан код обе, показивао њихов разговор дубоко у њиховим душама.

Старија се окренула и погледала усидрену барку. Дуго је посматрала. И мало-помало, њен строги израз лица поче да се топи, неким неодређеним тоном. Одједном, снажно стисну руку своје другарице:

– Хоћеш ли да се спасемо? рече са страхом. Да се спасемо једном заувек?

Млађа се полако окрете према њој и погледа је. Била је убеђена да тако нешто не може да се изведе.

– Шта хоћеш да кажеш, Марија? упита је равнодушно. Да одемо у неко село? Ех, на дан или два ћемо се спасти, а онда ће нас ухватити!

Млађа је наставила да јој објашњава да би можда и прошле, ако би им бледа лица поцрнела од сунца, па би онда личиле на те људе. Овако би их одмах прозрели. Не, неће моћи! Не иде!

Али ова друга није хтела да је слуша.

– Хајде, кад ти кажем! викну на њу одједном, јер је била усхићена планом, који је већ разрадила у својој глави. Овога пута ћемо се сигурно спасти! Отргнућемо се из њених канџи!

Очи су јој од гнева засветлуцале, као жар у пепелу. Више ништа није хтела да је пита, само је повукла за собом и повела до усидрене барке. Трчећи, није приметила грумен земље испред себе, саплела се и пала. Мало се крви помешало са земљом, али јој није било ништа.

– Барба! викну задихано старог чамџију Стама-тија. Хоћеш ли да нас провозаш?

Зашто не? Само да плате.

Показала му је новчаницу од двадесет драхми.

– Може!

Ушле су у барку и отиснуле се на море. Иако је сунце било јако, ветар је снажно дувао и окретао је-дра према истоку. С времена на време, капљице во-де су им прскале лица, а оне су дубоко удисале ва-здух. Море је било плаво, а небо бескрајно. Дубоко су дисале. Један галеб је заронио, а потом се опет уз-дигао у плаве висине. Био је то неки нови осећај – та птица је летела слободно; слободно! Некакав облак је промицао, а мору се није видео крај – био је то потпуно нови осећај, који се спуштао међу њих две, стидљиво, али снажно. Усамиле су се, и свака је остала сама са собом, управо онако како то бива са било којом вишом силом, која је ван људских грани-ца.

– Добро је... промрмљала је, са страхом, млађа девојка. Баш је добро!... Као да сам сасвим сама...

Ова друга није ништа рекла. Одједном је нека нова идеја почела да јој се мота по глави. Размиш-љала је још о много чему. Лупкала је ногама нер-возно, обрисала је оно мало крви што јој је цурило с колена. Окренула се и погледала иза себе да би пре-рачунала колико су се отприлике удаљиле од обале.

– Јесте ли ви слушкиње? упитао их је стари чам-џија.

– Не. Ми смо профукњаче, рече она млађа, рав-нодушно.

– Ааа! изненади се чамџија, па устукну – иако то није хтео – од срамоте. Значи, из куће сте?

– Да, из јавне куће. Свете робиње, објаснила му је.

– Па, како су вас онда пустили да лутате? Јесте ли ви нормалне?

– Побегле смо! рече млађа.

– А, је ли? А зашто?

Показа му на Марију:

– Јуче се онесвестила од батина. Тако ће је једног дана оставити.

– Што не одете негде другде?

Да оду? Како да оду?

– А како ћемо да зарадимо за кућу? Ова је вероватно у дуговима до гуше. Не можемо, дедице, никако не можемо.

– Не можемо, понављала је то неколико пута, као да је хтела дедицу да убеди да је баш тако и никако друкчије. Каже му да сваког дана обавезно добија батине. Газдарица бесни: „Како ћу ја дугове да вратим?“ дере се. А треба и да је храни. А то је зато што се деси да прође четири, пет дана, а понекад и цела недеља, а да њену старију другарицу нико неће. Па онда она каже: „Ех, можда ће ме данас неко хтети“, па се прекрсти и изађе увече; а муштерије долазе и одлазе, она их гледа, гледа их право у очи. Али, ништа...

И тако му је она причала тихо, и просто, баш као када дете прича неку бајку. Као да је заборавила да је ова друга ту испред ње. И хтела је она још да говори, да му исприча и опише све страхоте које је њена другарица преживљавала, и да му објасни зашто јој се све то није свиђало. И окрену се тада према њој, али је одмах погнула главу, као да ју је неко полио кофом хладне воде.

Марија ју је гледала право у очи строгим, гордим погледом. Поигравале су јој кости на издуженом лицу, као да их је намерно развлачила устима. Усне, са којих није потпуно скинула кармин, поскакивале су као неки мастиљави црвићи. Боре на упалим образима час би подрхтавале, час би се смиривале. Само јој је онај горди поглед био непомичан. Преливао се по упалим очним дупљама, назирао се и на костима лица и био је некако чист али дивљи.

Дуго је држала тај свој горди поглед на њој, а затим је погледала у унутрашњост барке. Наједном, заустави се: ту је био један пресавијени папирић. Пружила је руку да га дохвати и отворила га. Била је то фотографија оне девојчице из чамца. Имала је плаву косу, благо таласасту, два спокојна плава ока божанског погледа, а лице јој је било свеже и глатко. На слици је било пролеће. Девојчица је заборавила свој портрет. Вероватно је намеравала да га да свом пријатељу, и то на овај свечани дан, када су заједно кренули да пронађу неки бољи живот, међутим, заборавила га је.

Марија ја посматрала ово спокојно лице. Лагано је почела прстима да савија фотографију, док је наједном није згужвала, бесно. Извадила је нервозно из своје торбе кармин, застала мало, као да је оклевала, али потом повуче љутито једну црвену линију преко овог глатког образа, и још једну, и још неколико истих таквих искривљених црта; све док тај спокој није потпуно поремтила.

Њена млађа другарица је видела шта се десило и како је „удесила" портрет овог анђела, па поче да се смеје.

У том тренутку, стари чамција, који није знао о чему се ради, рече гласно:

– Еј, удаљили смо се доста! Враћамо се!

Марија баци ону фотографију и скочи на ноге.

– Шта? викну, уносећи му се у лице.

– Враћамо се, кћери моја.

Да се врате? Марија испружи своју мршаву дугачку руку према обали Анадолије.

– Вози право! рече му претећим гласом.

– Али, тамо је Анадолија. Је си ли полудела?

И поче убрзано да му објашњава: када падне ноћ, оставиће их тамо негде, на неком пустом месту у Анадолији, а онда може да иде. Ето, тако да буде!

– Даћемо ти све што имамо, и ја и она, и показа на млађу. Све што имамо, понови Марија, најдубље га молећи.

А онда се и мала побунила, па викну:

– Јеси ли ти добро, Марија? Шта то причаш? Тамо ће нас заклати! Заклаће нас! рече.

Старац није веровао да је све то озбиљно. Тек што се завршио рат с Анадолијом. Турци су палили и рушили градове хришћанске. Клали су хришћане на гомиле. Који би се лудак усудио да оде тамо, у вучју јазбину?

И баш кад је старац хтео да спусти једро, да окрене барку, Марија се устреми на њега. Зграбила га је и тресла да га заустави, а он се борио са том њеном слепом снагом. У тренутку је снажно одгурне, девојка се оклизне и при паду му силовито зари нокте у лице. Чамџија хтеде да узме шипку да је удари пре но што се дигне. Али млађа, видевши другарицу у опасности, и сама се баци на њега. Ударале су га обе бесно.

– Ах, да се спасемо! Да се спасемо! викала је Марија.

Старац се примирио. Крв му је цурила низ лице и улазила у прљаву браду. Шипку је привукао ближе себи и окренуо једро неколико пута. Барка је наставила да плови према обали Анадолије.

Облак је полако путовао. Убрзо прегради сунце, чије су ивице блистале као да би да усисају сву светлост која је нестајала. Море постаде тамноплаво. Мала девојка је пришла старијој која је немо седела и ухвати је за руку.

– Је л' те прошло? упита је.

Нервозни грч пређе преко лица оне друге.

– Смири се, поново рече мала. Можда ће се Бог сажалити на нас.

Облак прође, Анадолија, насупрот, оцртавала се сада јасније.

– Треба већ да се вратимо, рече мала.

Нема одговора.

– Треба да се вратимо, рекла сам.

И поново гледајући тупи израз оне друге, ухвати је паника.

– Ја нећу! Нећу! Барба, спаси ме! викала је старом чамцији.

А како је Марија и даље била непомична и нема, мала се устреми на њу и поче да је чупа за косу и да је бесно удара.

– Лудо! Лудо!

Барба Стамати уграби прилику, окрену једра и врати крму свом снагом. Мала изгуби равнотежу и падне повукавши ону другу снажно за косу.

– Право, право, барба! Враћај се, враћај!

Марија чује како се једро одмотава, немо. У себи чује неки шум. Хтела је да подигне главу, али није могла. Још се више повила. Сузе лију, квасе њено горко лице.

Једро се немо одмотавало.

Онако немоћна, потпуно спусти главу.

Мирно су се приближавали жалима Неаполија. Током целог повратка Марија није дизала главу. Повремено би јој се рамена затресла од јецања.

–Ћути сада, што плачеш? каже млађа, приближивши јој се.

Покушала је да нађе неко оправдање, да умири грижу савести што ју је ударила.

– И даље плаче, каже барба Стаматију. Чак и кад је не туку. Зато што она зна када човек плаче. Схватила је то још као мала...

Мало касније:

– Еј, дижи се! каже јој и потапше је по рамену пријатељски. Гледај, приближавамо се!

Велика подиже главу. Хтела је да обрише сузе. Са руке одвеже прљаву марамицу. И баш на том месту, где је била марамица, појави се на њеној пути белег бесног уједа што су јој начинили јуче. Обриса сузе том прљавом марамицом. Погледала је према обали, поново вратила поглед на барку. Ту га негде и заустави: картон, фотографија оне девојчице још увек је била ту. Као далеко подсећање стизала јој је њена прича. Испружи руку, узе је и дуго је посматрала. Кроз оне црвене линије чиста светлост очију девојчице могла је стално да сија.

Својом марамицом, још увек влажном од њених суза, нежно је брисала фотографију да уклони боје које је нанела. Али тако је било још горе, боја се размазала. Престала је. И поново сузе почеше да јој теку.

Требало је још само неколико метара да пристану.

– Еј! Стигли смо! рече стари чамџија.

Марија се окрену и погледа га право, у очи. На образу му се јасно видела крв од њихове борбе.

Дала му је своју прљаву марамицу.

– Избриши лице, барба, рече тихо.

Старац је погледа и сам право у очи, мирно.

– Смири се, кћери моја, рече.

Две девојке изађу из барке. А марамица је остала у барбиној руци. Он избрише лице. Затим је рашири, полако, да се осуши. Поред је била фотографија. Раширио је марамицу преко фотографије и ставио каменчиће на четири угла, да је не однесе ветар.

Упалише се светла. Онај пар – плава девојка и младић – врати се. Уђоше у барку, подигоше једро. Девојчица се сетила фотографије, и када је хтела да је узме, дохвати ону марамицу натопљену сузама.

– Ах! викну с одвратношћу. Шта је ово?

И како је марамицу држала само ноктима, однесе је ветар.

– Немој! повиче љутито барба Стамати.

Али било је касно. Он окрене поглед ка мрачној обали. Није се разазнавало ништа. У тој тами, две девојке су ходале ћутећи, враћајући се у Митилену. Пут је био пуст. На једном далеком рту светло се прво палило, затим гасило.

Мала каже:

– Ех! Кад је требало да се вратимо... Кад је једино могло да се вратимо... Зашто смо, онда, одлазиле?...

Зашто су одлазиле? Нема одговора. Пошле су још мало, обавијене ноћу. Светлости града сад су се појавиле.

Поново млађа упита другу:

– Хоћеш ли да се наслониш на мене?

Климну јој, суво, у ноћи:

– Не.

МАЈКА

Мојој жени

Ушавши у деведесет осму годину, године 1919. умро је стари Мавила, Тодор Мавила са Спеца. Овај стогодишњак је редовно долазио у кућу моје баке, а нама деци од десет, дванаест и петнаест година је био досадан, зато што је говорио јако споро и јако тихим гласом и зато што је пљуцкао док је говорио. Затим би нас посадио на колена и штипкао за образе оним прстима, сама кост.

Сама кост, ето, био је овај старац. Лобања без иједне длаке, ни косе, ни бркова, ни браде. Високо повијено тело, погрбљено, дугачких, мршавих руку, дугачких, мршавих ногу, као два штапа за билијар. Уз то један горњи зуб, као кост и он, притискао је доњу усну кад су му уста била затворена.

Тодор Мавила нам је препричавао хиљаду пута како су његови „родитељи“, како их је звао, дошли на Спеце из Мореје, негде око 1812, девет година пре него што се он родио. Причао нам је често и о једној ноћи, у време Устанка, када је цело острво изашло на бедеме да чека бродове, који нису стизали. Биће да је имао пет година 1826. Чекали су их, каже, да дођу из Цирига.[1]

---

[1] Τσίριγο – народски назив за острво Китеру јужно од Пелопонеза (од старијег Cithericum, преко италијанског Cerigo, хеленско острво Κύθηρα). – *Прим. ред.*

Био је пун месец, сећа се, као да је јуче било. Али бродови нису стизали. Три ноћи и три дана чекали су мушкарци, жене и деца. Напрегнуто су гледали тражећи неко бродско уже. А ноћу се спуштао оштар мраз и било је јако хладно.

Треће ноћи Тодор се разболео. Добио је грозницу и тако није идућег јутра видео бродове, који су се усидрили код бедема. Само је чуо буку, која је настала од велике радости. Гласове, свирале, топове.

Објашњавао нам је како је његов покојни отац пуцао из тромбона. Напунио би га, запалио, а затим повукао, окрећући се целим телом да не би пао. Толико је трзао. Такво је било то оружје.

Други пут би нам опет причао да је видео Отона у фустанели[1] и с Амалијом, обоје на коњу, како шетају на Полигону. Биће да се то догодило 1859, каже, када је дошао у Атину после двадесет година и зинуо од изненађења, толико се она променила и постала велика.

Тодор Мавила је изгледа био загрижени отониста,[2] зато што нам никада није причао ништа о времену после 1862. Ни речи о промени краљевине, ни речи о Ђорђу, ни речи о Трикупију. Рекло би се да је за њега време стало код пада прве краљевске династије, тако да смо ми деца замишљали да је он заспао за време Отона, и да се тек сада, ево, пробудио, да нам прича о том благословеном добу.

Осим тога, бојим се да је он сам себе заваравао и да је поново стварно проживљавао то једино време које му се свиђало. Сироти стари Мавила, чича Тодор. Хиљаду пута смо га чули. Досађивао нам је.

Сећам се, како ме је једног дана чврсто држао коленима, као клештама и причао ми о непогоди на острву Спеце оног дана када се сазнало да ће Отон

---

[1] Бела сукња с наборима, део грчке традиционалне мушке ношње. – *Прим. ред.*

[2] Присталица краља Отона. – *Прим. прев.*

доћи у Науплион. Док је причао о тој киши, прскао ме је пљувачком и тога се сећам као да је данас било. Крај.

Пола острва је отишло у Науплион да дочека Отона. Отишли су, каже, и његови родитељи. Тако су деца уграбила прилику да се изјурцају. Када се отац вратио из Науплиона, рекао им је:

– Децо, сада имамо краља и треба да га поштујемо и волимо и тако ћемо видети боље дане!

Деца су запиткивала какав је краљ. Сви који су га видели говорили су да је прави принц из бајке – плав младић, ситан, плавих очију.

Године 1844. или '45. Тодор се замало није удавио. Био је на Пору послом и требало је да се брзо врати, јер му је мајка, каже, била на умору. Дувала је јака трамундана.[1] Саветовали су му да не креће. Он је био упоран. Укрцао се у рибарску барку и запловио.

Код Целевиње таласи су били као планине. Рвали су се десет сати с морем; Богородица и Свети Никола су их спасли, нека се слави име њихово. Али им је пукао јарбол, па су присилно пристали на Хидру.

Тамо је наишао на чича Канарија, тада министра морнарице, старог морског вука, ониског и здепастог, са дугом косом и огромном брадом, права звер, како шета испод бедема нестрпљив да се укрца.

Љубили су му руку и гледали у њега као да је неко друго биће, онако увијен у дебели смеђи шињел.

– Није паметно, господине министре, говорили су му секретари и аћутанти. Да се мало смири олуја.

Али је стари вук запенио више од мора.

– Шта ми ту причате да се смири и да се не смири. Већ четири дана је овакво време. Дижи сидро, правац север, кажемо ми поморци. Знате ли своју заклетву? Сутра зором полазим!

---

[1] Врста ветра. – *Прим. прев.*

И оде следећег јутра у свитање. Оде и Тодор Мавила са Хидре. Изнајмио је рибарску барку и кренуо. Шта све није прошао да стигне! То сам Бог свети зна. Талас им је однео весло, шибали су га море и помахнитали ветар, десет пута су мислили да ће се удавити док нису стигли у луку Спеца.

Одмах се упутио право својој кући Тодор. И шта види! Мајка му је, још од синоћ, била покојна.

О својој мајци нам је чича Мавила причао хиљаду пута. И још увек би му, у његовој деведест и осмој години, задрхтала брада када је говорио о њој. Већ смо је знали напамет, ми деца, рекао би да смо је живу видели, из његових описа.

Била је сувоњава, као и њен син, и носила је мараму стегнуту на глави и омотану око врата. Бела, пребела кошуља и широка црна сукња, са пуно набора. Звали су је Елена, Баб Лена на арванитском наречју са Спеца и тетка Елена. Јако је ослабила, остарила пре времена, јер је много рађала – деветоро деце је донела у живот, а четворо је изгубила побачајем, али више од муке и патње.

Изгубила је три сина и једну кћер. Прошла је толике болести своје деце и мужа. Сиромаштво, свакодневни посао, докусурило их. И толико другог...

Од безбројних прича које нам је препричавао чича Тодор, најлешша, најузбудљивија је она о његовој мајци. Онда када су отишли његови „родитељи" из Мореје и нашли уточиште на острву Спеце.

И раније нам је више пута казивао ову причу. Али, мислим да је ово био последњи пут што сам је чуо од њега неколико дана пре него што је умро 1919. То је права бајка.

*

– Моја мати и мој отац, почиње чича Тодор, нису били прави Спецани. Ту су нашли уточиште и пустили корене. Протерани из свог места, прогнани у избеглиштво, сигурност су нашли на Специ, безбедност од Турака и кућу неких својих рођака, где су се сместили.

– Била је зима, дванаесте. Године 1812, наглашавао је, као да је бројао године. Била је оштра зима, хладноћа уједала, тешка зима, такву ни много старији нису памтили. Пет дана и ноћи падао је снег у целој Мореји. Простро се снег све доле до морске обале. Стари људи и деца су умирали од хладноће... и не само напољу, него чак и унутра у кућама.

– Мој отац, кога су Турци прогнали, убио је два Турчина, каже, јер је то себи обећао од малена, онда када су изгубили његовог малог брата Ђанета, дванаестогодишњег дечака и када су сазнали да га држи неки бег у Каламати у свом конаку – и мој отац, о коме причам, прогнан, повео је своју жену, моју мајку дакле, и дете, њихово прво дете, и дошли су у Монемвасију.

– Из Каламате су кренули ноћу, јашући на мазги, са женом и дететом, умотаним у два дебела ћебета. Остали су четири дана у Монемвасији, не налазећи брода нити чамца да их склони. Било је додуше усидрених бродова у луци у Монемвасији, али је дувао бесни западни ветар и претурио море до дна. Ниједан брод ни да провири. Жало зелено, небеса оловна, беле од морске пене стене на обали. А ветар је завијао на тврђави у Монемвасији, урлао као демон.

– Све док ветар није престао да дува и док се невреме није смирило, каже, и док таласи нису укротили своје лудило. Нашао се капетан који је хтео да иде. Специјански брзи брод, само са једним једром, са древним именом *Пелоис*, по тадашњем обичају да свуда дају стара грчка имена: *Ахилеј*, *Одисеј*, *Деукалион*, *Темистокле* и слична.

– Укратко, нашао се један неустрашиви Специанин, капетан Андреа, који је одлучио да рашири једра то исто вече, зато што је, рече, журио да оде да утовари робу у Науплиону; користан посао који није хтео да изгуби. Кад је одлучио и пре него што је у селу објавио да креће на пут, договорио се да утовари коју десетину буради са вином малвазијом за Науплион. Тако, кад се прочуло да капетан Андреа увече иде у Науплион, у бродићу није остало више места, највише још за петнаестак особа.

– Настао је хаос. И дупла места су узимали они, који су хтели да оду. Била је то права борба да обезбедиш место у броду.

– Мој отац је успео да смести моју мајку и дете; а он је остао ту, да сачека други превоз.

– Нека те Бог чува, жено, рече јој, иди. И ја ћу доћи за неколико дана, да се нађемо на Специ. Сутра или прекосутра, други брод ће испловити.

– Добри мој Андони, тебе гоне, тебе гоне, преклињала га је моја мати, а ти ћеш да останеш? Иди ти, а ја ћу да дођем за тобом са дететом?

– На крају ју је јадни мој отац угурао у брод.

– Ајде, жено, немој много да причаш. Слушај ти мене – ја сам сам, и ако ме траже, знам где ћу се сакрити. А дете ће заплакати у неком незгодном тренутку. У здравље, Елени. У миру да путујете!

– Пољуби је у образ и окрену се да нађе капетана Андреу, да га нешто замоли:

– Чуј, капетане, одвешћеш ми жену до Науплиона, а онда ћеш је ти лично сместити на други брод за Специ, уколико се деси да ти не идеш тамо својим бродом. Предаћеш је господину Анастасију Гурдију са Специа... ородили смо се, преко Анете Јакума Коконија. Срећан пут, капетане...

– Сунце је зашло за Морејом, а море се смрачило. Морска пена је остављала ружичасте трагове на врховима таласа. Дувао је западни ветар, али много слабији сада – узнемирено море се стишавало и време је било све боље.

– Чим су изашли на пучину прве звезде су се појавиле и смрачило се. Људи су се збили, један крај другога, не би ли се изборили са мразом и мраком. Замотали су се у кабанице и вунену ћебад и покушавали да заспе. Није се видео прст пред оком.

– Убрзо је море и небо постало толико црно, да није било потребе да заклањаш очи. Мркли мрак. Али, авај! Опет је почело дрмање и пропињање. Време је опет почело да дивља и постало је још хладније. Брод је почео да скаче, да лупа, да се тресе. Кад год би ветар језиво заурлао, цео његов костур би зашкрипао. Чуло се његово стењање, које се ширило читавим морем, и свуда около, у том мраку, владао је хаос.

– Некакво мртвило се спустило на брод, тишина. Нико није говорио. Неки су чврсто спавали, ошамућени од мора, док су други занемели од страха. Када ће опет да сване? Била је поноћ; само две три жене су се чуле, које су стењале, јер их је море измучило, и детенце госпође Елени Мавила, које је кашљало и кашљало, није знало да стане. Кашље и плаче. Док, несрећно, није заспало.

– Моја мајка га је чврсто држала, увијеног у једно дебело, вунено ћебе и тепала му, успављивала га и љуљушкала, не би ли ућутало и заспало. Међутим, она је наслутила да је дете болесно, зато што су му ручице и ножице гореле. Јако се узнемирила.

– Госпођо драга, како си могла да га поведеш на овакав пут? Је си ли ти о томе мислила?

Мати није знала шта да каже, плашила се да проговори, па је ћутала. После неког времена, одговорила им је:

– Из нужде, драги моји. Зар бих се ја упутила са њим по оваквом времену да није била нужда?

– Онда је наишао један велики талас, који их је све окупао, па сви заћуташе, да ли ће и овај да прође, као што су и други.

– Одједном је небо заблештало и осветлило море. Хучало је море, одјекивали су громови, рекло би се да ће се небо распући. Почела је да пада киша. Био је то ђаволски снажан пљусак, као да се небо отворило.

– Путници су се још више прибили један уз другог, умотани у кабанице и ћебад. Били су мокри до голе коже. Ноге су им биле у води. Био је то незапамћени ужас и пакао. Још се и дете пробудило и почело опет да плаче... плакало је без престанка. Само када је хтело да се искашље, престајало би.

– Ех, мајко моја, ала си се ти, несрећнице, намучила. Чврсто га је држала у рукама и осећала да је мокро до голе коже; али, било је и вруће од грознице – ручице, ножице и обрашчићи су му горели. Стезала га је да га угреје и љуљушкала га, не би ли га успавала, смирила, ућуткала.

Неки који су седели покрај ње говорили су:

– И ти да поведеш дете на овај пут?

Она није одговарала, правила се да не чује.

Мало-помало, киша је престајала, стишавала се и све је мање падала. И наједном су се облаци разбежали, а време као да се одљутило и сажалило на овај непрекидни дететов плач – иза њих се појави мутно небо.

Некако неочекивано је свануло и сви људи у бродићу су одахнули када су угледали светло. Ветар скоро да и није дувао, а море се надимало, као груди које удишу ваздух.

На броду је само дете сада спавало. Сви разговарају. Како је прошла ноћ, како су спавали. А тек каква је киша била! Господе Боже, каква је киша била! Сада се појавило сунце и било је предивно.

Светлуцали су врхови таласа, небо је било сјајно и некаква нада је испунила брод.

Једра су била раширена. Сви разговарају. Само дете спава и сања. Само дете и моја мати, која није ока склопила, зато што јој је велики камен стајао на срцу, јер је знала да јој је дете болесно и да је њен муж, њен добри муж остао сам на другом месту.

Како је време пролазило, од морског ваздуха су људи огладнели. Развезали су торбе и корпе и почели да једу. И мати је отворила корпу и извадила парче хлеба, сира, маслине и две јабуке. Није узела ни први залогај, дете се пробудило и мучење је опет почело.

Мајка га је мало открила и погледала. Било је потпуно црвено, као цвекла – истовремено је плакало, кашљало и носић му се запенио, пун слузи. Пресекла се, али ништа није рекла. Без премишљања га је ставила да сиса. Дете је, механички, дохватило дојку и почело да сиса. Тако се смирило. Онда је мати слободном руком узела парче хлеба и јела.

Тада јој се неко обрати, пажљиво:

– Изгледа да вам прија, госпоја.

Погнула је главу и није одговорила.

Било је подне и таласи се мало појачали.

– Тако је увек код овог рта, објашњавао је капетан Андреа. Њега не заобиђе ниједно невреме. Такав је он, незгодан, немој да га се плашиш.

Брод је почео да се пропиње, а путници пред собом виде како се поново приближава ноћ.

– Аман, хоћемо ли већ једном стићи?

Ипак је сунце још увек било високо изнад брда у Мореји. Дете се свило на мајчиним грудима, а она, сиротица, као измучено кљусе, заспала је седећи на крају клупе.

Брод је силовито почео да се љуља. Таласи су јурили један други. И још један. Једра су мало попустила, ветар је опет помахнитао. Зазеленело се море.

Мати се тргну иза сна, а срце јој је снажно лупало. Шта се дешава? Је ли нешто ружно сањала? Да ли ју је талас пробудио, који је дрмао цео брод и могао да га преврне? Мати се пробудила и одмах је притисла дете уза се, на своја недра.

Дете је спавало. Али када му је ставила руку на образчић, учинило јој се да је хладан, јако хладан. Зашто? Нервозно је прешла руком по целом лицу, пипала му је руке и ноге, а онда му је још јаче притисла руком лице. Лед. Следило се.

– Богородице моја! отргне јој се јаук кроз зубе.

Следи се и она. Да ли је ово могуће? Шта је са дететом? Са дететом? Да није издахнуло? Хтела је да виче. Викаће. Ах, и да се онесвести!... ништа. Није пустила ни гласа нити се онесвестила. Суздржала се. Стегло јој се срце, исушиле јој се очи, занемела је. Да ово нико не сазна. Да нико то не види, да јој неко то не прочита у очима, у болу на њеним уснама... Јер ће јој онда одузети дете и бацити га у таласе да га прогута море. Не, не, за име Бога! Мора да га спасе. Улази јој у мозак безумна мисао да ће тако спасти дете ако јој га не однесу таласи.

А касније одједном помисли да се можда и преварила.

Као, онако, случајно, да је нико не примети, подигне детенце и држи га себи пред очима увијено у дебело вунено ћебе, затим мало отвори ћебе и наслони свој образ на његово лице. Лед. Лед до самог њеног срца, као хладан оштар нож који се дубоко зарио. Прислони му своја уста на уста. Не осећа дах.

И очице су му остале затворене.

Као да је заборавила за тренутак боју његових очију. Као да губи разум. Ипак не, то су два кестењаста ока, крупна и невина.

Прекрива му руком лице, као да ће га умотати у покров. Сунце се појављује. Златни зрак обасја лице мајке и уклони бледило.

— Мајчице моја, само да нико не сазна, мисли, преплашена. Стеже у загрљај ледено дете и гледа око себе. Нико не обраћа пажњу на њу. Онај талас их је све ошамутио. Ипак се неко огласи поред ње:

— Кад бисмо и ми имали сан овог детета!... Пу, пу, да га не урекнем! каже тај глас.

Мајка се скаменила. Није смела више ни да погледа. Загледала се у један искривљени ексер на огради брода. Тај ексер се забијао у њу и полако је убијао.

Тамо где је седела, тако непомична и нема, поново је чула неки глас, који је тихо певушио једну песму без речи. Звучало је као да неко непрестано мумла, једнолично, бескрајно.

Скоро се потпуно смрачило. Једна старица, која је седела скрштених ногу на поду, сажали се на мајку:

— Дај ми га мало, дете моје, да га држим, да се ти мало одмориш! Укочила си се, сиротице!

Мати одједном живне.

— Девет месеци сам носила ово дете у утроби, а сад да се уморим? рече поносно.

— Не кажем, кћери, старица ће, него те гледам тако измучену... али кад нећеш, нека буде.

Старица је попреко погледа. И мајка се уплаши у дубини душе. Одједном јој дође мисао да превари све њих који не знају какво је зло њу снашло и који би тражили да јој узму дете ако сазнају, и седећи на клупи мало придигне дете, онако умотано, и почне да му тепа и да му говори:

— Да, мало моје, спава ти се, е, спава ти се, затвориле су ти се очи, е?... затвориле се...

Спусти га на крило, умотано у ћебе, љуља га лево-десно, и тихо му пева:

Буји, паји...

Не желећи то и не мислећи, изненада из груди испусти глас, мио глас, песму, успаванку:

Спавај звездо, спавај зоро, спавај млад месече,
спавај да ти се радује младић који ће те узети,
спавај, у Цариграду сам ти наручила мираз,
у Венецији хаљине и сјајне дијаманте...

Сви око ње заћуташе док се не заврши песма. А онда се чује тутњава таласа с десне стране прамца, и клизање костура брода у воду као у свилу.

– Дижите једра! Зачу се команда.

Троугласто једро се рашири на ветру. Само се мати чује како тихо пева: „Буји, паји, чедо моје“. Не налази више речи да му говори. И само испушта неке болне тужне, миле, распеване гласове, час као успаванку час као тужбалицу.

Сви је слушају и уживају у песми. Излази јој из дубине душе глас мајке и улази у срца људи који слушају.

Залазило је сунце, а последња његова светлост шаље поздрав узнемиреним водама. А ноћ се спушта с неба, брзо се приближава. Тада заћута и мајка.

– Је ли заспало срце мало? тихо упита једна средовечна жена.

– Дивно певаш, девојко, каже јој старац ситних проницљивих очију.

Затим се свако упусти у разговор са својим суседом. Неки мршави човек са малим, као гар црним, брковима предложи осталима:

– Боље би било да поједемо нешто док се сасвим не смрачи.

Поново су отворили торбе и почели да једу. Само је мајка и даље седела укочена.

– Зар нећеш макар нешто да узмеш у уста, рече јој неко.

Она одмахну.

– Не, каже уморно.

Затим с напором објашњава:

– Измучило ме море.

Загрцнула се. Да је случајно не сломи бол.

Брзо је спустила мараму са главе и покрила лице. Ноћ се одједном спустила, тамом је обавила заједно са мртвим дететом.

И тако је остала будна седећи непомично, без суза, сатима. Рекло би се да је све заувек стало. Само брод клизи по води. И ноћ осваја звездама.

Ускоро свиће. Да њу поново угледа сунце? Хоће да се помери, да промени место и осећа тежину детета на обема рукама. Утрнуле јој руке, непомичне толике сате, укрутиле се до лаката.

Не усуђује се, међутим, да погледа дете. Оставља га тако, чврсто умотано у ћебе, и осећа његово мало тело, тешко и непокретно. Не каже ни реч. Само мало дигне своју мараму и уздахне. Усне су јој беле као једро, можда јој је и коса побелела од синоћ. Очи је пеку, онако ужарене и суве. Језик јој се осушио.

– Добро јутро, каже јој крезуба старица, прође и ова ноћ.

– Боља од оне прекјуче, каже старац са ситним продорним очима.

– Добро јутро, мајчице, каже јој она средовечна жена у црнини. Како је дете?

– Добро, сирото, шапне и загрне се... стално... спава... као анђелче.

И будући да су је сажаљиво гледали, мати, не испитујући, подиже ћебе са дететом, као да га поново љуља. Подигла га је до висине својих очију и гледала га је тако у својој простртој кабаници... и шта ће друго насмеја му се и рече му тепајући:

– Да, чедо моје, само би да спаваш. Ајде онда, опет лепо. Спавај мајци на радост!

С тим речима јој се грозница мало смирила и она привије дете на груди.

– Зар ти није дојадило, каже, неће ни јела, само сна хоће... сна.

– Долазимо из Каламате, објашњава, па је изнурено од умора, несрећно... ошамутило га је да кажеш и море.

– Е, госпо моја, одговара јој неко, већ смо стигли, нека је велика хвала Богу.

Мати расејано посматра брда, лево и десно, која се приближавају и уздижу високо. Тамноплаве гребене и црнозелене усеке са белим жалима у подножју планина.

Сунце је јако сијало. Осванyo је пролећни дан усред зиме. Брод је сада с усправним раширеним троугластим једром клизио према обали, као по зеленом порцелану.

– Оно је тамо Ич Кале, објашњавао је човек са великим црним брковима. То је позната тврђава пуна Турака...

Мајка се најежи целим телом. Слеђена уста детета су јој додиривала груди! Боже мој! Склапају јој се очи, осећа како се заноси, онесвестиће се... Не, не може... Бори се. Налази у себи снаге да издржи. Стеже очајно дете на груди и црпи снагу од детета.

– Не, мисли тврдоглаво. Стићи ћу на обалу да му поп одржи опело. Јесте хришћанин. Богородице моја, помози ми!

Брод теран ветром ушао је у луку. Путници покупе своје ствари. Журно се припремају да изађу на обалу. Свет на обали чека. Оданде долазе гласови и укрштају се с гласовима који долазе са брода.

– Спуштај једра! нареди капетан Андреа.

Брод се лепо приближава и полако прилази степеницама.

– Добро дошли! Добро дошли! вичу људи са обале.

– Боље вас нашли, одговарају путници.

Стадоше да се грле и да плачу. Људи су ужурбано, насмејани искакали на обалу. А и мати са њима. Баш када је требало да закорачи на тле, капетан Андреа је угледа и викну јој:

– Сачекај, госпођо Елени. Изађи и сачекај ме да дођем. Је л' чујеш?

Мајка ступа на земљу. Одједном се, као одсечено дрво, стропошта на тле.

– Исусе Христе! Повичу сви који су то видели.

Дете јој испаде из руку, умотано у ћебе, а мајка лежи на земљи, у несвести. Брзо јој подигну главу, дају јој мало вина из пљоске, трљају јој руке да се поврати.

Онда се зачу један глас, глас разјарен:

– Људи, ово дете овде је умрло, људи, сам лед! Биће да је издахнуло још јуче. Е, капетане! Капетане Андреа! Јурне капетан да види, не зна шта да каже. Мајка мало подигне капке.

– Госпођо, госпођо, кажу јој, пробуди се! Шта ти је?

Мајка долази себи, протегне се, заврти главом и заколута очима. Као клин јој се забија мисао.

– Госпођо Елени, каже јој капетан Андреа, твоје дете... твоје дете... Знаш ли?... Што си скривала?

Друге речи збркане. Мајка им једва разликује смисао. Окрене главу и прикује поглед на своје беживотно чедо, које су спустили да лежи на земљи на раширеном ћебету..

– Зашто нам то ниси рекла, госпођо? кажу јој. Када је умрло, драга?... Јеси ли се уплашила, драга...

Нико и не помишља да јој га донесе. Тада она смогне храбрости и дигне се. Ноге је једва држе. Начини три корака и клекне пред дете.

– Јао, чедо моје! крикну одједном и поче тихо да јеца.

– И да вам не дужим даље, децо, полако је завршавао чича Тодор Мавила, повели су моју мајку у страшном расположењу и одвели је у кућу капетана Андрее. Узели су и дете, моју покојну сестрицу, и однели је право у цркву Свете Ирине преко пута капетанове куће. Ту су позвали и свештеника, дошла је и моја мајка, и одржали су детету опело. Сахранили су га лево од цркве, тамо где данас пролазе шине, воз.

Тако је завршио своју причу чича Тодор Мавила. А ми остали смо ћутали.

ПЕТАР ХАРИ

СВЕТЛА НА ПУЧИНИ

То острвце је било заборављено и од људи и од Бога. Заборавили су га чак и страни војници. Првих дана ропства дошли су у његову лучицу, поставили само два добро наоружана човека да стражаре, али су ускоро и њих двојицу одвели, оставивши острвце да плута између мора и неба и да сасвим остане на своме месту.

Заборављено је било ово острво и у добрим временима.

– Видиш, налазимо се на неплодном правцу.

Сви су тако говорили, објашњавајући усамљеност своје луке. И нису хтели ни о чему другом да мисле. А и како да мисле? Да нису можда људи долазили, гледали их, упознали, па да их они заволе или да их одбаце? Све заједно двеста педесет – триста душа на острву, један полицијски наредник који је био велика власт, и један телеграфиста који је разговарао с ветровима и облацима, говорио им је шта се дешава другде у свету, и личио је на мага или пророка.

Њихова два чамца би у мирним годинама превозила и продавала нешто по суседним острвима, а понекад би стизала и до Пиреја, доносећи оданде неку робу. Али сада су чамци били везани. Каткад би, и то ретко, испловили накратко да људи пецају, али би се брзо враћали у луку. Тишина на мору, толика тишина да се просто уплашиш. Ни дима, ни једра, нити пера птице. То је било старо, прастаро море,

море и пре човека. Усамљено, бескрајно и непокорено море преко дана, а ноћу, разговарају море и месец или море и тама, као што су били они разговори које су у првим данима стварања водили елементи и силе света које људско уво никад није чуло а мисао још увек тражи његово значење.

На острву су брзо схватили како да проведу године рата с оним што им земља да и што имају. И када би могли да знају шта се дешава другде у Грчкој, били би задовољни. Свакако ће то тешко подносити, недостајаће им ово, па оно, али од глади неће умрети. Само их је болест плашила. Али, чак и у време мира, ретко су успевали да се побрину за болесника у животној опасности. Или би пароброд каснио са проласком, или би барка каснила са поласком. А док су размишљали о великом изласку, никад се не би одмах договорили, тако да болеснику често није било спаса када би и стигао у велики град.

Сами, дакле, на пучини, далеко од рата, далеко од људи. Они и телеграфиста. Они, којима би с времена на време, телеграфиста причао каква је дивља звер човек постао на западу и на истоку, на великим и малим ратним поприштима, а да њих Бог штити и одмара очи на њиховом мирном животу. Полицијски наредник није више имао власт. И да је хтео да подвикне, није могао, јер није имао снаге. И он је јео оно мало острвског хлеба и није хтео да троши снагу на вику и претње. Ускоро је и телеграфиста изгубио моћ. Нешто се покварило на његовом апарату, затворио је своју канцеларију и престао да буде маг и пророк. Прекинула се и последња нит која је повезивала ово острво с осталим светом. Стигоше ноћи испуњене необичним сновима; стигоше дани када су снове објашњавали најстарији мештани, извлачећи поруке о рату, о глади, о несрећи која је задесила свет.

Затим су се после много месеци опет појавили страни војници. Мало су остали на острву, мало су говорили; односно, то мало је рекао један наш човек који их је пратио и знао њихов језик, само су једну наредбу оставили:

– Никаквог светла ноћу! Ни запаљене цигаре!

Зором су стигли, у сумрак отишли. Бродић им се брзо губио у мраку.

Питали су наредника који је мало разговарао са њима. Ништа нису сазнали. Питали су и свештеника који их је поздравио. Опет ништа. Питали су и ћату из месне заједнице који се појавио и рекао „да се председник налази у кревету". – Ни речи. Стиснутих уста дођоше, стиснутих уста одоше. Ипак, прозборили су: рат је још увек ту. Онда је, зацело, и другде, тамо где је копно, где је море, где су људи...

И поново су ноћи испунили снови који би дању даровали наду или доносили панику, а острво је чекало, стално чекало, навикнуто да чека, престало је да испитује чак и море, које не може, иако је много чуло и много знало, али је држало уста затворена и није дозвољавало да се његове тајне открију у крупним очима мора, ни кад су биле плаве и мирне, ни кад би се поиграле и постале зелене, ни када би се од гнева јако смрачиле.

Зими су дани пролазили брзо, али су ноћи биле без краја. Чак им ни са сновима није било краја, јер нису могли да испуне толике сате, споре сате ноћи у децембру и јануару. Кућице, начичкане свуда напред у луци и наоколо, изгледале су као скуп спреман за сваки тежак тренутак. А лука пуста. Неколико барки извучено на жало, она два чамца везана, а ветар, некад слаб, некад јак у разговору или у сукобу са морем и са јарболима.

Било је негде око десет увече, прилично касно за острвљане, када их је узбуна тргла из дубоког сна.

Пробудило их је црквено звоно звоњавом која је говорила:

– Дижите се! Појурите! Појурите брзо!

И појурише сви, обучени сасвим или напола, и нађоше једног момка како виси на звонику и прави ову неиздрживу буку.

– О, лудог ли човека!

Био је то Вангели, острвски јуродиви, који није имао ни куће ни одела, који је ноћивао где стигне и коме би овај или онај у селу давао комад хлеба. Они који су стигли први устремише се разјарено да га скину са звоника и да га науче да мирно спава ноћу. Али их заустави поп, који је и сам дојурио без мантије и камилавке.

– Тренутак!

И погледавши горе, према звонику, нареди му:

– Сиђи, Вангели!

Погледа оне који су чекали љутити, а било их је све више, па мало устукну, али сиђе. Испруживши руку, поп их је држао на одстојању.

– Шта је то било, Вангели?

– Брод, папули,[1] брод! Видео сам га својим очима, јасно сам га видео, па сам звонио да га виде и други.

Ни трена више нису чекали. Оставише Вангелија и похиташе ка луци. Са њима и многи други који су се пробудили од звоњаве и дрхтали од страха и од хладноће. На крају су ишли поп и Вангели.

Много се људи окупило у луци, цело село. Сви се претворили у око, око острвљана, које зна да тражи у ноћи, а нарочито у ноћи на мору.

Ни дах да се чује. Мирно је било и море, једва се покретало, рекло би се да је и њега пробудило звоно. Тако је тамна ноћ била, толико, да се и најмања искра могла видети. Али ништа, ни ту искрицу нису

---

[1] Παππούλη, вокатив од ο παππούλης (хипокористик): свештеник, поп. – *Прим. ред.*

видели, а камоли цели брод, цели осветљени брод. Погледа један другог, увере се да нису погрешили, па се опет разбесне. Али није Вангели био једини који није био с њима, није био ни свештеник који је знао како с јуродивим:

– Где видиш брод? упита га строго, јако се трудећи да не изгледа љут.

– Не видим га више, папули.

– А где си га видео?

– Ено, тамо, папули, тамо.

И показа лево, у дубину, на правац којим би пролазили бродови поред острва у одласку и доласку.

Гледали су, покушавали да разазнају макар нешто, али опет ништа нису видели. А онда је свештеник, схвативши да може доћи до невоље у ноћи и код толико гневних људи, покушао да пред њима оправда Вангелија:

– Јеси ли јасно видео брод или ти се учинило? Јеси ли био будан или си спавао?

– Ма, видео сам га, папули, видео сам га, кажем ти.

– А одакле си га видео?

– С оног великог прозора из магацина.

Хтео је да каже: са прозора полусрушене куће где је ову зиму проводио Вангели.

– И како си га видео? У ово глуво доба, зар ниси спавао?

– Нисам спавао, папули.

И тише: крчала су ми црева, нисам јео од прекјуче.

Није више било потребно да га свештеник брани. Људи су, у групицама по двоје по троје, окретали леђа мору и одлазили да макар у сну виде тај брод који нису видели будни с обале.

Не прође ни недељу дана, а ноћ се поново испуни звуком звона. Нису сви устали из постеље, али они који јесу, појурише да зграбе Вангелија и да га вежу. Међутим, кад су стигли до цркве, гледали су не верујући, слушали су не схватајући:

– Видео сам га! викну им са звоника Христо, снажни делија, један од најбољих радника у селу, који није много причао. Видео сам га, велики брод, јарко осветљен.

Христо није био јуродиви. Када је ипак стигао у луку, и заједно са свима онима који су устали и дојурили није видео ништа, ни зрачак светла, умало да полуди.

– То су биле нереиде, пролазиле су у даљини, закључи један старац. Хајде сада, идемо да спавамо.

Али се Христо није ни помакао и није скидао поглед са мора и мрака. И да ту није било његових другова, који су га ускоро на силу одвукли, он би ту, у дубоком мраку, остао до јутра. Видео је брод, клео се, руку би ставио у ватру. Пред другима је брод нестао, није видео ништа, није знао да каже ни где га је тачно видео.

Ујутру је Христо схватио како га село гледа другим очима. Добро де, Вангели, учинило му се, попео се на звоник и звонио. Али да се и он попне, и он да звони! То Христо не би дуго издржао. Али не прође ни десет дана, спасе га Августи. И он се попео на звоник и ударао у звоно, у глуву поноћ. Сви су се поново пробудили, али их је мало дотрчало овог пута. А Августи, тврдоглави, није хтео да оде са обале све до јутра. Видео је брод. И овај брод није пролазио негде далеко, прилазио је острву, прилазио је право према њиховој малој луци.

Осим Вангелија, другог јуродивог нису имали на острву. Нису имали ни утвара ни нереида. А брод је био прва утвара која их је узнемирила у сну. Предложише да истерају духове и да проспу свету водицу на луку, да ту проклетињу пошаљу далеко, што даље од њихових вода. Тако рекоше, али су размишљали и оклевали. Шта је био тај брод и зашто су га се толико плашили?

– Да са бродом, овим нашим бродом, који ће имати сва упаљена светла у ноћи, не дође и слобода?

То је говорио свештеник, а то је прихватио и наредник полиције. Острво се умирило. Било је мирно и у оним ноћима када би се огласило звоно. А није било мало таквих ноћи. После Августија, на звоник се попело још њих осамнаест, и стари и млади из села који нису били јуродиви, а било их је четиристо. И видели су тај брод сасвим јасно, и могли су чак да ти кажу колико је светла имао и којим се правцем кретао.

Месеци су ропства протекли, протекле су и године. Острво су заборавили страни војници, заборавили га и други људи. А звоно није престајало да звони. И у зимским и у летњим ноћима, и у пролеће и у јесен. Брод су виђали само свако за себе, али не и сви заједно. Али су знали да ће једног дана или једне ноћи и сви заједно угледати тај брод. И чекали су...

ДАНГУБА

Усйомени моīа оца

Андонаки Хано је био неупадљив, млитав чове-
чуљак. Није волео галаму, смех и много приче. Ћут-
љив по природи, а можда и због своје несреће.
Осредњег раста и дебељушкаст, изгледао је недо-
зрео без трунке мушкости... У његовим очима, сме-
ђим, скоро светлим, било је нечег страшљивог, из-
мученог...

Такав му је био и посао: неупадљив као и он. Ра-
дио је у собичку, на крају пијаце, тачно наспрам лу-
ке, а на бронзаној избледелој плочици је писало:

Кројачница Земља
А н д о н и ј а Х а н а

А у ствари он није био ни кројач. Само крпа, ко-
ји би понекад сашио и неке панталоне за рибаре или
за посао, или би преврнуо неко одело држећи се ста-
рог кроја.

Јадник дакле, и злосрећник, Андонаки Хано.
Јадник од природе и сам по себи.

Ипак, као и сви острвљани, и он је имао свој ку-
ћерак. Негде изван града, где почињу поља, имао је
родитељску кућу своје жене.

А његова жена, слаба, ниског раста, брижних
црвених очију, целу своју душу и све наде предала је
Богу. Видела је сирота да нема другог спаса. Имала
је две кћери стасале за удају: Лену, плавушу невиних

плавих очију која је навршила двадесет трећу и Ар-
гиру, две године млађу, која је радила по туђим њи-
вама, у виноградима, маслињацима.

Њихова несрећна мати је осећала да оне саме
никада ништа неће постићи у животу... Сви су они
радили од јутра до мрака за комад јечменог хлеба. А
шта ће бити са њеном децом, да остану овако не-
срећне и саме?

„Он је за све крив“, размишљала је, "неспособан,
дангуба, који се не хвата посла. Нити шта говори,
нити шта мисли, несрећник – сасвим се ошамутио.
Само се у тебе уздам Пресветла моја, Сусетко моја,
све наде у тебе полажем, само у тебе, добра моја Бо-
городице.“

Погрешно су схватале Андонакијево ћутање; ми-
слиле су да је он равнодушан. Ове три жене никада
нису могле да разумеју нему муку овога благог чове-
ка. Нису осећале његове скривене мисли, притајене
откуцаје срца.

Бог је хтео да га учини сиромашним, несрећним
и да га духовно удаљи од осталих људи, јер нико ни-
је осећао његову муку.

Упркос томе, Андонаки Хано је много трпео. Ја-
сно је видео своју бедну судбину, несрећу своје поро-
дице, ћерке како расту и пре времена вену.

„Ех, да могу бар за јадну Лену да решим“, често
је размишљао Андонаки, а срце му се цепало. И сам
је знао да су очекивања била јако мала, јер су зави-
сила од његових могућности. Тако је и он, као што
је радила и његова жена, све своје наде полагао у
Пресветлу Богородицу.

Ипак, узалуд је, са те стране, очекивао помоћ.
Много пута је Андонаки Хано то схватао, онако у
својој тишини.

Мислио је да су сви свеци, Божји изабраници,
живели гладни, болесни, и сиромашни.

Морао је да учини нешто, да се помери, да живне, уколико је желео да види неки напредак и да намири своју децу. Али шта да уради? Није знао други занат, а ни новца није имао. Ех, да је имао пара! Наравно да би знао шта му је ваљало чинити: Одмах би дао Михалију Скумбурдију двадесет хиљада, колико је и тражио и удао би Лену. За Аргиру би отворио бакалницу, јер је она била способна и била је писмена, па би она сама, несрећница, мало-помало зарадила за свој мираз.

Андонаки Хано би по цео дан о овоме размишљао, док је стављао закрпе на Рецинијеве панталоне оштећене од мора. А ноћу би се често будио и са великом горчином себи говорио:

„Мораш да уштедиш новац, Андонаки, мораш да уштедиш новац. Имаш велику обавезу, Андонаки, и према Пресветлој Богородици и према својој кући.“

И мало-помало његова размишљања прерастоше у одлуку. Морао је да нађе новац. Али како? Час је мислио једно, час друго – ништа. Само је један начин постојао, и он је то знао. Само један. Али је био толико страшан, да би се Андонаки од њега сав најежио. И коначно је одлучио. Биће ронилац. И како је записано, тако нека буде.

А истина је била да се још од малена овог посла плашио. Увек је са страхом гледао пијане рониоце, веселе, загрљене момке, који су тумарали улицама мирног острва, сасвим црвени од пића, како се деру и непристојно шале и како један другог гуркају. А касније, крв му се ледила од оних њихових ужасних, хладних маски, у облику кацига.

Али, шта сада да ради? Шта је друго један сиромашни отац могао да уради?

Тешко је уздисао. „То је Божја воља“, рече. „Нека је благословена његова жеља“ и прекрсти се.

Затим помисли: „Ићи ћу ’ревером’, којом лове у плиткој води, иду од десет до дванаест хвати у дубину. Тако нећу морати много да се намучим и добро ћу проћи."

„Дакле, одмах првог лета имаћемо двадесет хиљада и удајемо Лену. Идућег, узећемо бакалницу. А, ако ми се нешто деси? Е, шта да се ради; тако је било суђено. Деца ће узети одштету од владе – четрдесет хиљада. И опет ћемо удати Лену и узети радњицу. Нека се слави име Твоје". И горко се, сиромах Андонаки, насмеја.

Тако рече, тако и уради. Ближио се крај фебруара и Андонаки Хано се пријавио у посаду капетана Михалија Звинга.

Унапред је добио пет хиљада, на поверење, како кажу сунђерџије, а остатак ће добити крајем лета.

Вече пре него што се пријавио, док су вечерали, Андонаки подигну своје миле, тужне очи и погледа жену и своје две кћери, и рече тихо:

– Идем са посадом капетана Михалија Звинга. Ако Бог да, средином идућег месеца, идемо на пут.

Он, до тада, ни речи није о томе проговарао, нити је уопште наговештавао своје мучне мисли.

Жена и деца су га преплашено погледали:

– Зашто си то урадио, Андонаки? Хоћеш да нас увијеш у црно, да изгубимо свога заштитника и да нас три жене оставиш саме на улици? упита његова жена и поче да лије тешке сузе из својих сетних очију. Кћери занемеше и замислише се.

И тако, у том тешком муку, Андонаки уздахну, јер му је срце затреперило, а потом рече тихо:

– То је Божја воља; шта ми ту можемо? Ако Он то жели, ми једино можемо да се прекрстимо, да стрпљиво држимо погнуту главу и да кажемо: „Нека се слави Твоје име" и покајнички се прекрсти.

И његова жена се прекрстила и молећиво рече: „А ти, сада, Пресветла моја, спусти руку на нас да се спасемо. Зар нисмо окајали своје грехе? Докле ћеш још да нас мучиш!"

Обе девојке се стидљиво прекрстише.

Дани су пролазили; крај марта се ближио. Једне вечери Михали Звинго обрати се својој посади:

– Људи, полазимо у зору, тада почиње да дува с обале. Запамтите, да се сви појавите на ужадима, а не да будете у кафани. Немојте да неко дође пијан, па да ми испрља барку, јер ћу га пребити, рече капетан громогласно, млатећи страшно својим дебелим рукама.

Рано ујутру, у прасокозорје, нашли су се на пучини. Само је Андонаки од читаве посаде био трезан; остали су к'о муве попадали.

– Мангупи једни, викну љутито капетан, дангубе, незахвалници... избациhу вас напоље, као ђулад, хватајте се посла. Шутирао их је немилосрдно у задњицу.

Све је ово слушао Андонаки и јако се уплашио: „Види, молим те,“ мислио је, „како је опасан!... Са каквим презиром прича о људском животу.“ Штета за капетана, кога је толико ценио.

– Не мари, капетане Михали, усуди се Андонаки да каже, још увек су деца, ћосави момци, пусти их да се забављају, да уживају... Ко зна који ће од њих да се врати жив и здрав?

– Ти, Андонаки, да ћутиш, одговори му бесно капетан. Командуј у својој кројачници. Овде ја заповедам и сав разјарен од беса стисну љутито ручицу управљача.

Тамо негде иза хоризонта промицала је слабашна, бледуњава светлост, која је обасјавала копно некаквом девичанском лепотом. Мало помало, светлост се појачавала и подизала, бојила је у црвено и бојом слонове кости све око себе и ширила своју лепоту на целу природу и људе.

Своје острво су оставили далеко иза себе и сада су били близу неких неплодних, пустих острваца.

Онако пијани и мокри од јутарње морске влаге скоро да су се отрезнили; седели су на палуби барке у разнобојним, дебелим мајицама, тмурних очију и рашчупане косе, ћутке су посматрали море.

Одједном се зачу заповеднички глас капетана.

– Зауставите барку, да почнемо. Потом се окрену према Андонакију. Ајде, Андонаки, прекрсти се. Ови мангупи од мамурлука не виде ништа.

Подиже се Андонаки преплашено. Баци свој благи поглед на море.

О, Боже мој, како је било мрачно, тамноплаво! Сав се најежио. Како ће да сиђе тамо доле?

Завртело му се у глави. Оштар ударац притисну му срце, стежући га, испумпавао му је сву крв из жила.

Два младића су му помогла да обуче грубо гумено одело. Притегнуше му каишеве на рукама и на ногама да не уђе вода и удави га. Чврсто су привезали једно уже око струка да му ваздух не сиђе у ноге, надује одело и тако га преврне. Навукли су му и неке тешке ципеле, од гвожђа и дрвета. Потом му закопчаше гвоздени штитник за груди, са дванаест копчи, на коме је била и тешка оловна маска, у облику кациге, коју му ставише на рамена. На крају, када се окончала ова церемонија, закачише му на леву руку и једну мрежу, где ће стављати сунђер. Маска му је била окачена напред, онако хладна и застрашујућа.

Када је с облачењем било готово, капетан позва још једног рониоца.

– Бре, Мицо, хајде подигни маску.

Ронилац је свуче са главе, држећи је у својим снажним рукама, а капетан поче тихим гласом да држи предавање:

– Андонаки, погледај овамо доле и утуви у главу све што ћу ти сада рећи, јер си новајлија. Ево, видиш ову рупу овде доле, на маски? Одавде се спушта свеж и чист ваздух, а ронилац га полако усисава, без икаквих тешкоћа – потпуно исто као и изван воде.

– Али, ако се случајно маска напуни ваздухом и надува одело, онда ће ваздух, који је лакши од воде, да те удари и повуче горе. Али од тога ти неће ништа бити, зато што смо у плиткој води, и ту нема великог притиска – због тога ћеш само на времену да изгубиш, ништа више! Е, да се то не би десило, мајстор се досетио и поставио једну ручку, ову овде, и када је притиснеш главом, истог тренутка избацује се напоље вишак прљавог ваздуха.

– Ево, сад ћу да ти вежем за руку још једно уже, којим си везан за другог рониоца. Ово уже ћеш три пута да повучеш, ако налетиш на неки велики сунђер, а ми ћемо онда да бацимо плутачу, да не бисмо изгубили то место.

– А када једном јако повучеш, па онда три пута заредом, то онда значи да си напунио мрежу и да треба да пошаљемо другу. А, ако налетиш на неку рибу или на било шта опасно, повуци више пута узастопце.

– Ето, то би било то. Хајде сада, у здравље! Прекрсти се и немој да се плашиш. И запамти: ако има неки велики сунђер, повуци три пута снажно. Подигни ту маску да ти је навуку. Сачекај, заборавио сам нешто: када си доле, на дну мора, води рачуна да корачаш тешко, као да имаш олово у себи. Немој да скакућеш по стенама; јер, ако нагло поскочиш, може да буде веома опасно – да ти дође главе. Можеш да се удариш, осакатиш и да останеш одузет за цео живот! Е, хајде сада и ходај како ваља!

Андонаки је слушао. Капетанове речи су му, као рој пчела, зујале у глави. Нешто од свега тога је разумео, али већи део – није. Срце му је јако лупало, тако да је једно чуо, а друго схватао. Рука му је подрхтавала док се крстио. И вилица поче грчевито да му се тресе.

Капетан је видео да он дрхти, али му ништа није рекао. „Новајлија је", помисли у себи, "кад се неколико пута буде загњурио, доћи ће себи." Подиже му маску, и намести је на Андонакијеву главу; затим је нагло окрете на десну страну, да би могао да је зашрафи и причврсти копчама.

То је тако језиво звучало, да је Андонаки, наједном, осетио како му се некакав нож забада у срце.

Када се све то завршило, да би се боље чуо, капетан викну гласно:

– Е, нек је са срећом, Андонаки. Дајте му мрежу да је напуни сунђерима.

И каишеви на пумпи почеше да се окрећу, својим уобичајним ритмом, дајући ваздух рониоцу.

Андонакија је, онако укоченог од страха, вукла тежина одела, па је корак по корак корачао по палуби, а онда се ухвати за мале мердевине да би сишао у воду.

Кроз стакло маске, гледао је хладно, тамноплаво море, и осећао како му је цело тело било мокро од зноја.

– Ох, Боже, прошапута, немој још да ме узмеш; пусти ме још мало да живим. Али, његове речи су само празно одзвањале и нису му пружале ни трунку снаге. Андонаки, од страха, није испуштао мердевине.

Капетан му љутито нареди:

– Баш си ти лукав, паре си унапред узео, а сада се плашиш.

Одједном је пао напред на ограду степеница и одгурнут на силу упаде у море.

Ваздух је излазио из левог вентила и ронилац поче да тоне. Што је више тонуо, то се површина мора све више пунила мехурићима, који су пуцали и тако је реметили.

Горе, на палуби, пумпа је радила непрестано, а кожа на њој се дивље окретала и давала ваздух рониоцу. Каиш на огради мердевина је са сваким обртајем полагано попуштао уже, које је било везано за Андонакија.

Мали од палубе је седео скрштених ногу и одвртао цев, гледајући на сат који је висио на јарболу. Гласно је извикивао време колико је ронилац провео у дубини мора:

– Једна дубина, две дубине, три дубине, четири дубине...

Други ронилац, гледајући на инструмент за густину течности, извикивао је на којој се дубини налази Андонаки.

– Десет ка једанаест, десет ка једанаест, једанаест, једанаест.

Прошло је десет минута. Па једанаест, дванаест, па тринаест. Никаквог знака није било из дубине мора, уже се није померало. Онај други ронилац подиже маску, замочи је у воду и очисти је, снажно је протресавши. Онда је прислони на површину воде, стави је на главу и погледа.

Појави се слабашно светло јутарњег сунца, које тек да је имало снаге да протка море и обасја га, весело милујући његову површину.

Али, дно мора је било прекривено дугом густом морском травом, од чега је морска тама била још већа; и због тога, онај други ронилац није могао добро да види. Подиже главу и рече озбиљно:

– Капетане, доле је тамно, као да је смола. Још увек нема довољно светла, и свуче своју маску.

Мали од палубе је и даље бројао:

– Четрнаест дубина, четрнаест, четрнаест...

У једном тренутку, капетан изда наредбу:

– Дижите се да га извучемо; он је новајлија.

– Новајлија је, али ревностан човек, рече други ронилац. Друга двојица дограбише цеви и ужад и почеше да вуку.

– Која је он будала, вели капетан, да је полако пуштао ваздух у одело, лепо би излетео напоље...

За два-три минута га извукоше, избацише га на површину, међутим, Андонаки није пружао руке да се ухвати за мердевине да би се попео.

Изгледао је као неки дугачки, замотани пакет.

– Ау, шта му се десило? дивље повиче капетан, скочивши у воду да га ухвати.

Још њих двојица, тројица прискочише и извукоше га напоље.

Андонаки се није држао на ногама. Глава му је пала на једну страну маске, а лице му је било црно-зелено, са црвеним тачкицама понегде. Из његових полуотворених очију изгубила се зеница.

– Кисеоник, викну капетан, брзо кисеоник да не умре човек.

Подигли су га и опет бацили у море. Спустили су га на пола дубине и ту га држали. Каиш је сада још брже радио, и још више обртаја правио. Свеж ваздух је брзо пролазио кроз цев.

На овај начин, који рониоци зову „кисеоник“, потпуно се опораве многи који су одузети или напола укочени. Некима се стање толико побољша да могу да померају руке, да лагано повлаче ноге, а током година се сасвим откоче и почну готово нормално да се крећу, иако мало поскакују док ходају, или се некако вуку.

Горе, на чамцу, сви су били у паници. Капетан се толико био разљутио и спетљао, да је личио на неку подивљалу звер, млатарајући оним својим снажним рукама .

Време је пролазило – пола сата, па четрдесет и пет минута.

– Хајде, дижите га! поново викну капетан.

Цела се посада баци на цеви и конопце.

А када су га подигли, Андонаки опет није могао да стане на ноге и лице му је било црно, као поповска мантија. Два морнара су га прихватила испод пазуха, док му је капетан одвртао маску. Кад је скинуо, њему глава паде у страну. Капетан му обухвати лице рукама.

– Море, још увек је топао, рече, преживеће. Напуните кофе водом, да га повратимо.

Али, док су му скинули оно гумено одело, Андонаки се охладио, укочио. Одједном су пропали покушаји, умрле наде.

– Нека му се Бог смилује, рече неко и прекрсти се.

Сви спустише главе и прекрстише се. Нико се није померио. Сви су били пуни срџбе и гнева, и упорно су гледали у покојниково помодрело тело.

– Е, мучениче Андонаки, шта ти је било записано..., прошапута неко, и сви помислише, онако престрашени, док су тужно клатили главама и гледали у његово мртво тело, да и њих пре или касније, чека иста, сурова судбина.

Тужну тишину прекину капетанов глас.

– Хајде, дижите сидро! рече гласно, право у луку, да однесемо покојника.

Укључише мотор. Чамац поче хитро да сече плавичасту воду. Сунце је са висине јаче пекло, а његови зраци, који су сада падали укосо, продирали су кроз провидни морски прекривач.

Сви су гледали напред, према острву, а мисли су им биле ко зна где.

У једном тренутку, капетан се окрете и огорчено погледа покојника:

– Анатема те било, прошапута, баксузе ниједан, упрљао си ми барку... и мани се сада свих својих жалби и одштета, помисли и крв му наврe у очи.

Чамац је и даље хитао ка острву, играјући се са зеленоплавим морем.

А сунце, што је јаче грејало, нежно је миловало опружено море, које се од задовољства јежило...

Јорго Теотока

ПУТОВАЊЕ НА ОСТРВО ХИМЕРЕ

У правцу према острву Химере море се благо таласа уз задовољно и нежно шапутање. Месец је упалио своју највећу куглу и пратио путовање с очигледном радозналошћу. Када се први пут појавио иза јасних брда изгледао је радосно и разиграно, расположен да се подсмехне овом призору. Касније се, међутим, озбиљно заинтересовао. Посматра га издалека, широм отворених очију и разматра ствари са свога становишта. Брод се лагано креће у потпуној свежини.

Капетан стоји укочен тамо горе на свог мостићу. Сам у овом осветљеном мраку говори броду тихо. Можда милује врховима прстију нежно дрво које стално подрхтава. Говори му поверљиво, даје му упутства и савете. Брод му одговара својим језиком нејасно, једнолично, мрзовољно.

– Пловим, каже, али ми је досадно.

– Одморићемо се у необичној луци са распуклим брдима, каже капетан. Поздравићемо црни вулкан. Опет ћемо срести старе једрењаке који превозе вино са Санторинија у све грчке луке.

– Досадило ми је ово једно те исто, одговара брод и наставља да плови нехајно, лењо. Стално једно те исто!

– Угошћујемо љубав, шапуће капетан.

– Ах, те детињарије нису више за моје године, мрмља брод.

Одједном се месец насмешио. Свежа ноћ је засијала изазовно. Дах егзотичне ироније обавио је тромо дрво, а да оно није ни схватило шта му се дешава; вукао га је брже према његовој химеричној судбини, као у неки ваздушни клизни простор, сав испуњен прекрасним чаврљањем и љубавним оговарањем неколико анђела ефеба. Некаква мистична, непобедива милина сливала се из ове небеске игре у људска срца.

Фрикс посматра Рахелу. Рахела гледа у ноћ. Заборавили су се неми, лежећи на облаку сребрног сањарења.

Рахела долази издалека, из непознатог предела. Отићи ће убрзо, поново према непознатом, на бескрајне путеве Израела. Отићи ће и неће се враћати. Застала је на кратко испод овог неба, изненађено и забринуто, растерећена, пуна љубави и нестална. Гледа, а не види. Воли, њу воле, а о томе не размишља. Нагонски наставља вишевековни пут своје лозе, у шареном вашару усађених завичаја, обузета сновима. Дивна је, као и ова прозирна ноћ, мрачна и светла, загонетна, најслађа и благо иронична. У тами те ноћи и у овој маштарији Фрикс на крајевима њених усана разазнаје траг, једва приметан, надменог сарказма према завичајима и према свемиру, наговештај исмевања, који само што не постане осмех, али му не успева. Фрикс размишља о томе како је целог свог живота узимао за озбиљно само оне жене које су на крајевима усана имале тај неодређени траг ироније. Фрикс себе не цени довољно. Напротив, веома је незадовољан самим собом, не слаже се уопште и препире се са својим „ја"; он би желео да његово „ја" буде задивљујуће, више, учтивије, одважније, и значајније, него што је сада. И управо због тога он истински цени само оне жене које могу да прихвате то његово бедно „ја", уз наговештај исмевања. И иначе се са тим женама много боље слаже него са другима. Али шта би можда могло да се крије иза овог осмеха који никако да се развије у смех; шта би могао да буде Рахелин смех када изненада почне тако детињасто и демонски да одјекује у демонизованој ноћи?

Фрикс се присећа шта му је, пре много година, говорила једна млада Американка, плава и витка, која је гледала на свет око себе небескоплавим погледом и неком првобитном живахношћу. Та девојка му је рекла да уколико двоје људи желе да постану прави пријатељи (љубавници, супружници, другови или било шта друго), морају се навићи да се смеју заједно (they must get used to laughing together). Ово запажање, које је Американка саопштила смејући се, изгледало је као психолошка истина, очигледна и неспорна. Али, Рахела вечерас доказује друкчију страну истине. Рахела показује истину тишине.

Капетан је сишао с мостића и прешао у тишину. Он је млади Острвљанин, црномањаст, ситан, слаб, затегнут у своју тамноплаву униформу. Осам година је пловио по океанима. Био је у Буенос Ајресу, на Хавајима, у Шангају и на многим другим местима. Сада се одмара на Егејском мору. Плови два пута недељно на Крит и једанпут на Кикладе. Само једну ноћ недељно проводи у Атини, и то с људима од књиге у бучним тавернама, расправљајући о Одисеју, о друштвеним проблемима, о Марселу Прусту или о Т. С. Елиоту. Први стјуард на броду каже да капетан пише песме. Али те песме нико није видео. Пише их, вели први стјуард, на кутијама од цигарета. Каже да има пун орман са тим празним кутијама. Тај орман је увек закључан, али се кутије назиру кроз његове отворе. Капетан се зауставио испред Рахеле и гледао је као са дистанце, стидљиво и изазовно. Понудио јој је цигарету и прошапутао неколико француских стихова, настављајући, на тај начин, свој унутрашњи монолог:

Scaramouche et Pulcinella
Qu' un mauvais dessein rassembla
Gesticulent noirs sur la lune...

На месечини, капетан је личио, тако непомичан и изазован, на неки лик из Цоммедиа делл' арте, на сасвим аутентичан лик нове Цоммедиа делл' арте, још невероватније, настале непосредно из свежине, сјаја и шапата ноћи на Егејском мору.

Фрикс му је мудро доскочио:

– Седим и сањарим. Жеље и осећања
уносим у уметност – некаква до пола
виђена лица или црте; на незавршене
љубави нека несигурна сећања...

Изненада су Рахели постале досадне све те песме и сањарења.

– Хтела бих, господине, рече капетану, да нам испричате неку причу. Морнари причају занимљиве приче.

– Утоварили смо јечам у Азофикију, почео је капетан причу, и понели га у Лондон Rank's Mill на Victoria Doks. Оданде смо кренули празни за Bristol Channel, у једно мало рударско место, које се зове Barry Docks. Ту је требало да натоваримо угаљ за Santos у Бразилу.

Наш брод се звао *Анђулеша*. Девет хиљада тона. Чим смо изашли из Лондона, иза светионика код Dungeness, ухватило нас је јако невреме, и како смо били празни, замало да нас одбаци. Бацили смо једно сидро, али се *Анђулеша* захуктала и покидала ланац. Почели смо да се бринемо. Уза све то што вам кажем, додајте и маглу. Нисмо се усудили да бацимо и друго сидро, да и њега не изгубимо. Решимо да одемо у Довер и да останемо ту неко време. Повели смо и пилота са брода са фењером, али нам није био од користи. Када смо стигли у Довер, олуја је била тако јака да смо морали да идемо на други улаз у марину, јер нисмо могли да се зауставимо. Коначно, уз много муке, отишли смо и усидрили се на двадесет четири часа на Saint Helen's Bank, где је било много боље и где смо чекали да се време побољша. Касније смо кренули према Barry Docks, праћени умереном буром и стигли смо у зору. На овом путовању сам два-три пута помислио да се *Анђулеша* неће извући.

Имали смо и телеграфисту који се звао Катрамада. Чим смо стигли, он је хтео да оде да се разоноди како би се ослободио немира који га је обузео. И још се сетио да треба да идемо у Сантос у Бразилу и рекао да не треба да губимо време док смо у луци, него да што пре нађемо неке жене. Али, ово место није много обећавало за љубав. Barry Docks је раднично насеље, обавијено измаглицом и димом, у забитом крају South Wales, које је Бог, по свој прилици, заборавио. Катрамада је преврнуо небо и земљу.

Тада је на брод дошао санитарни официр, који је према нама показао наклоност, јер је некада путовао до Александрије и добро је познавао Грке. Телеграфиста се одважио и пожалио му се: „Енглеска није добра за живот. Свуда око тебе је маглуштина и не можеш да нађеш жену, да се мало проведеш. Док је у Јужној Америци стално сунце, милина Божја, а на улицама све врви од љубави." Али је официр негодовао: „И у Енглеској, рече, народ ужива, и има љубави, као свуда у свету." Онда је Катрамади дао једну адресу да оде да пије, да игра, и да упозна неке жене. Рекох да кренем и ја, да му правим друштво.

Одемо исто вече. Нашли смо се у великој згради, као што су старе провинцијске школе са много сала, препуних људи... Било је школских клупа за седење. Без икаквог декора. Клавир је, сећам се, свирао Dunny boy и друге старе ирске мелодије. Ту се и играло. Пијаниста је повремено кружио са тањирићем и сакупљао паре, тетурајући се од пића. Људи су пили црно пиво стоут.

Нас двојица се скуписмо у угао, помало уплашени. Атмосфера је била тешка, људи намргођени и пијани. Било је пуно жена, али каквих! Суве и испијене, безизражајне, неодређених година, скоро деформисане од посла, беде и алкохола. Посматрали смо подозриво ову чудновату гомилу и нисмо били расположени да привлачимо пажњу. Али нас убрзо приметише. Наравно да се видело да смо странци, јер нас је, ако ништа друго, одавала униформа. Мало-помало, неколико жена је почело да нам се приближава, да нас окружује, да се радознало гурају око нас. Нису личиле на проститутке и нису тражиле новац. Заправо, хтеле су да нас часте пићем. Нисмо смели да их одбијемо. Дале су нам да пијемо и пажљиво нас гледале и ћутке проучавале; са живим занимањем, док су им очи сијале и удови поигравали. Шириле су тежак мирис стоут-а и јода.

Врло добро се сећам једне старице, која је, изгледа, предводила ову дружину. Имала је на себи некакав мушки капут неодређене боје и стари црни шешир из прошлог века... Биће да је имала осамдесетак година, страшно оронула, ћопава и крезуба. Али су јој ситне очи језиво светлуцале, а њен спуштени нос одавао је ниске страсти и пожуду. Она се прва одважила да нам говори пријатно и нежно, свашта је брбљала. Касније су и остале почеле да причају са нама и да нас мољакају. Старица је почела да виче и вришти говорећи скаредности, церекала се хистерично ударајући длановима о колена, која су одјекивала суво као дрво. Рекла нам је да жуди за нама. Остале су је кривиле: „Шта ћете помислити, млади странци, говориле су, о овој баби која не поштује саму себе!“ И док је старица наставила упорно да говори у истом стилу, међу женама је настало неуротично ривалство, очигледно и препредено. Грдиле су једна другу оштро због понашања и бестидности, а истовремено нас молећи или присиљавајући да пођемо са једном од њих, да јој пружимо мало задовољства, да јој приредимо нешто велико што никада неће заборавити: „Дођите, млади странци!“ говориле су. Вукле су нас за руку и свађале се међусобно. Свака је настојала да нас убеди да је она најбоља, да је она прави избор, а све заједно су већ биле помахнитале од пожуде. Остали, нарочито мушкарци, посматрали су овај призор са даљине с неком претећом равнодушношћу. Старица се сада смејала, ударала се, викала као луда: „Дођите, млади странци!...“

Изненада смо се уплашили. Чисто нагонски, уз пуно муке, прогурали смо се до излаза. Напољу је била густа магла. Са једне стране улице је долазило некакво жуто, јако светло. Са друге стране је био мрак. Онај буљук жена нас је разуздано пратио. Чим нас је ударила спољна свежина, Катрамада и ја смо, онако спонтано и без договарања, јурнули у мрак.

Трчали смо као луди, ни о чему нисмо размишљали; трчали смо ка мору, ка броду, ка нашој *Анђулети*, да нас одведе далеко, што даље. Иза нас, у оној магли, чули смо кораке и гласове. Жене су јуриле за нама, са чежњивим, али пуним мржње узвицима. Јуриле су за нама да нас ухвате, да нас узму на силу. Трчали смо у паници. Зашто смо трчали? Зато што су биле ружне? Не мислим. Трчали смо, као што сам вам рекао, зато што смо се уплашили. Страшна је била та помахнитала пожуда ове женске дружине, овакав захтев љубави и оваква јурњава у ноћи. Ја нисам кукавица, господине, многе чудне ствари су ми се дешавале и нисам се уплашио, али та ноћ у Barry Docks у South Wales, кад је се сетим, сав се најежим...

Капетан је завршио. Поново заузе свој чаробни, изазовни став. Ноћ је опет постала пријатна и опуштена.

Фрикс је затворио очи и замишљао ту луду сцену са женама које трче у магли, трче потпуно разуларене, рашчупане, гласно показују своју чежњу и јуре да ухвате двојицу младих морнара, да их потчине, да их затворе, да им чине што год желе.

Одједном се Фрикс тргне престрашен.

Окрене се према својој пратиљи и зграби је за руку.

– Рахела, питао је, зашто жене желе да нам узму слободу?

На то његово питање није било одговора. Само је та чувена реч „слобода“ остала да виси у ваздуху, између мора и неба, сјајно се њишући у осветљеној тами. „Слобода“ уздисао је зефир у ноћи. „Слобода“ поносно су изговарали таласи. „Слобода, слобода“ весело су светлуцале звезде са хиљаду страна. „Слобода?“ незаинтересовано се запитао месец. „Какав је смисао“, као случајно је запитао, „те слободе?“

Постоје тренуци када месец настоји да изгледа као неки озбиљни мислилац. И импровизације и спонтаност га не могу убедити. Нема поверења ни у ентузијазам, ни у узбуђења ни у дирљиве изјаве, уопште. Захтева да му се све то објасни на један логичан и разуман начин, као и смисао и везе међу појавама и стварима. И тај његов захтев је можда врхунац ове ђаволске ироније. Ма, ко може да буде икада сигуран у намере месеца?

Фрикс је забацио главу уназад и размишљао о ономе што му је прекјуче рекао један његов пријатељ философ. „Ти презиреш“, вели му пријатељ, „смисао слободе и смисао анархије.“ Фрикс викну у тренутку дубоког огорчења: „Па чак и да презирем! Али, ви треба да ми објасните шта то разликује оно што је идеално у слободи и оно што је идеално у анархији." Философ му није одговорио. Тако сада ни Рахела није одговарала. Увек постоји тренутак када не може да се нађе прави одговор.

Капетан гледа море и по обичају мрмља неке стране стихове:

> – Bah! Malgré les destins jaloux
>   Mourons ensemble, voulez-vous?
> – La proposition est rare.
> – Le rare est le bon. Donc mourons
>   Comme dans les Décamérons.
> – Hi! hi! hi! les amants bizarres!

Брод је тихо прошао кроз врата острва Химере, натоварен лагодним задовољством и немирном радошћу. То острво је изломљени круг. У том кругу је опет море. Остатак острва је испод мора. У средини мора налази се нека црна, ниска ствар, острво острва, вулкан, који се цео види, као на некој сребрној тепсији. Земља је исечена као ножем и као некаква стрма литица надвија се према тој црној ствари, која испушта ватру. На врху те литице сијају на месечини небески бели градови снова.

Брод наставља сада даље с уживањем, некако пријатно и присно, помислио би човек као да се поздравља и да игра са старим познаницама. Пролазећи, буди мноштво сенки, утваре бродова које излазе из пећина, из пукотина лаве, из скривених лоповских лука, из уточишта гусара и кријумчара. Стиснуле су се око брода, гурају се, утркују се ко ће пре да га стигне да се игра с њим; бродови Феничана и Лакедемоњана, Византије и Венеције, трговачки бродови, ратни, пиратски, све измешано у пролазном облаку од мутних сећања.

Фрикс је одлутао, покајнички посматрајући ову божанску ноћ. Из дубине те ноћи, из дубине мора, из дубине Грчке уздизала се некаква најнежнија, предивна, тиха музика, као највећа хармонија природе, легенде и сна, живота и Химере. Та музика је већ успела да опчини својим неухватљивим ритмом јунаке, који су били на овом путовању. Ове јунаке, који су се ту без неког посебног разлога окупили, и који су прелазили у уобличене идеје, благо ироничне: Рахела, Капетан, Брод, Месец, читава глумачка трупа, аутентична Commedia dell' arte, која се вечерас изродила из тајанствених трептаја илузионистичког архипелага.

Позоришна трупа игра око вулкана. Јунаци су натприродно израсли, додирују неузнемирено сребро мора и надмашују висином литице. Израсли су и дематеријализовали се. Њихали су се у ритму музике, неодређено и прозирно, као праменови магле. Капетан је плесао са Луном[1], а Рахела са Бродом.

Луна се обукла у своје најлепше зраке. Украсила је косу ноћним капима росе. Њена гола рамена су предивно сијала и својом блиставом славом прекривала су цело копно.

Капетан је обукао своју свечану униформу. Имао је на себи хиљаду пантљика, трака и ордења. На глави је носио велику адмиралску капу и тешке сполете од позлате. Са стране је окачио и сабљу која ничему није служила, која се вукла иза њега као верно псето и звецкала.

Брод се прерушио у необичног кловна, одевеног у морске наборе. Око врата је ставио огрлицу од морске пене, а на главу венац од дима. На крајевима његове нематеријалне одеће висе сасвим прави звончићи који при сваком покрету испуштају подсмешљиве звуке. Он је био прави, издужени, мрша-

---

[1] Месец је на грчком женског рода, η Σελήνη, те је овде у преводу употребљен облик Луна за Месец. – *Прим. ред.*

ви кловн, веома нервозан, са смешним носем, који се никада није смејао. Стално је скакао, без разлога, брбљао, изводио скечеве и којекакве лудорије, али увек озбиљног израза на лицу. Али се чинило, као да није истински озбиљан, него да се само прави да би био још смешнији.

Само Рахела није много променила свој изглед. Обукла је вечерњу хаљину и ставила пуно дијаманата, који су подражавали месечеве боје. Али, успела је у овом натприродном доживљају да задржи свој најженственији изглед – строги осмех, траг подругивања на крају усана и немирни поглед неке неодређене чежње...

Фрикс се с правом узнемирио. Ето, сад се мењају парови. Луна игра с Бродом, а Рахела са Капетаном. Рахела је била задовољна, певала је и играла. Капетан се сагао ка њој, стидљив и нежан, и нешто јој шапутао. Причао јој је о великим морима, о чудноватим биљкама, о уклетим бродовима, о сунцу, које се јавља у поноћ, о острвима с огромним цвећем, о острвима која су била пуна разнобојних птица, о острвима која бујају од великог љубавног лудила. Рахела је хармонично, али патетично певала о свим тим морима и острвима, о свим илузијама – била је то песма Јевреја Луталица.

Фрикс се побунио. Мора нешто да се догоди, да се заустави ова неподношљива сцена! Мучио се и копао по својој машти. Мора нешто да се деси!

И стварно, на крају се и десило. Некакво потмуло, претеће брундање је почело да се успиње из дубине мора. Ниска, црна ствар је почела полако да се помера. Сребрна површина се уздрмала и одједном попуцала на мноштво делова. Бродске утваре из прошлости побегоше главом без обзира, одлазе на све стране, саплићући се једна о другу, и поново се завлаче у своја скровишта. Потмуло бубњање се изненада још појачало и прерасло у некакву махниту буку распадања. Музика је стала. Вулкан је избацио дуг и висок пламен, свој ужарени мач, који је немилосрдно секао спокојно копно. Густи облак дима протезао се споро од вулкана, пловио и спремао се да све наоколо прекрије.

Те ноћи догодио се потпуно непредвиђен инцидент. Фрикс је кроз сав тај дим угледао неке људске силуете. Биле су то жене. Мноштво жена, безбојне, суве и коштуњаве, рашчупане, разуздане. На челу ове чудне групе била је једна старица, стара ко Библија, ћопава, обучена у мушки капут. Пљеснула је и почела да говори неповезане речи. Жене стадоше да јој одговарају, кроз ону буку вулкана, са неком лудачком виком пожуде и разузданости. Њихова пожуда се удружила са пламеном и тако разарајућа и ужарено црвена прскала је на све стране. Нико више није играо. Ликови из трупе застану у тренутку, зачуђени и престрављени, гледају, али не могу да верују. Онда у паници почињу да беже, хитају да се спасу у дубини ноћи, прогоњени побеснелом руљом жена из дима...

Зачуо се снажан звекет ланца.

Капетан је са свог мостића наредио:

– Дижите сидро!

Барке са Санторинија убрзано се приближавају светлу мале луке. Тамо далеко, на средини залива, страшна, црна ствар почиње да се смирује и утишава. Рахела пали цигарету. Задовољна је. Свиђа јој се ово путовање. Свиђа јој се ово место. Свиђа јој се месечина. Вечерас јој се све свиђа. Осмехује се враголасто и увија у огртач зато што постаје свеже.

– Рахела, упитао ју је Фрикс, хоће ли ти ишта од овога остати у сећању?

– Хоће, одговорила је, неколико тренутака слободе.

И. М. Панајотопуло

УДАЉЕНО ОСТРВО

Реч је о једном острву које се налази далеко на мору, насред велике воде, куда људи не одлазе. Са првим јутарњим зрацима, када сунце изаће иза њега, оно личи на некакву поморанцу, која је пала у воду. Касније, претвара се у велику црну тачку. Рибар Стамули, који је већ много година проводио хватајући морске јежеве са стена и камења и ловећи октоподе из сакривених шпиља, који је увек био слан од воде и мирисао на вино, и када би дан био ведар и јасно се све видело, показивао би руком на јарку сунчеву светлост, гледао преко пута и хвалио се:

– Ја сам једини који је био на оној проклетој земљи. Била је зима, мраз и мрак. Те ноћи ме је струја бацила на то копно.

– Јеси ли видео нешто?

– Нисам видео прст пред оком. Шта да видим? Мраз и мрак. Само су ветрови урлали, као чопор бесних паса. Још увек ми у ушима одзвања та бука. Ништа друго нисам видео. Пре него што ће сванути, време се поправило; онда сам се покупио и отишао. Шта сам покупио? Своје руке и ноге – то сам покупио.

– Зашто ниси седео тамо док сунце није изашло?

– Божић је био на прагу, а и кости да ти се смрзну колико је било хладно. Код куће ме је чекала моја Цвета.[1]

---

[1] Грчко женско име Ανθή, од άνθος „цвет“. – *Прим. ред.*

Уздахнуо је. Кад год би чули њено име, сетили би се како је била лепа и њене преране смрти, па би заћутали. Имала је деветнаест година, када је умрла на порођају, заједно са дететом. Био је дечак. После тога он је престао да путује својом барком, повукао се у бол и тугу и размишљао о својој милој Цвети. Имала је толико сјаја и свежине на свом лицу, а он ју је обожавао. Од правог морског вука постао је просјак на обали, који би понекад уловио понеку шкољку, октопода или неку рибу. Њена смрт га је потпуно дотукла; био је неутешан. Ипак, физички се и даље добро држао. И даље је имао широка леђа и снажан врат, руке које могу камен да поломе, јаке ноге; само му је глас подрхтавао, зато што је у њему још увек живела његова Цвета.

— Никада се више неће родити још једна Цвета, као што је била моја. Сву лепоту овог света је узео Герамби, да од ње направи моју Цвету.

Онда би настављао у себи да размишља. „Касније, намрштио се, погледао наоколо, на копно и на море, приметио Стамулија и помислио: ево човека који ће њој одговарати; снажан и плодан, да јој рашири ноге и оплоди је, а она да роди много морских вукова, који неће знати ни један други језик осим језика узбурканог мора.“

Једне зимске ноћи десило се да некакав капетан стигне на ову обалу, са својим једрењаком, па је свратио у кафану да се освежи. Долазио је издалека, двеста миља одатле, са доњих острва и ишао је на Црно море, које је такође било доста удаљено, још неких двеста, а можда и триста миља. Имао је на себи црну кишну кабаницу, црни качкет са дуплом траком, трљао је руке и пунио лулу дуваном — његове очи су говориле да су се много чега нагледале. У разговору некако се заподену реч о оној црној тачки насред мора. Распитивао се за то место, да му кажу нешто више.

– Нема ничега тамо. Пустош и голет – живе душе нема.

Стамули није ништа говорио, само је пио.

– Капетане, сачекај да сване, па ако буде ведро, отићи ћемо на обалу да и ти видиш ту црну тачку.

Капетан је наискап испио пиће, повукао дим из луле и насмејао се:

– А зашто се ви једном, кад је лепо време, не покупите и чамцем одете тамо, па преврнете све живо? Нико од вас није новајлија на мору.

Тада је Стамули проговорио.

– Ја сам био тамо!

– Да, био је, потврдише остали. Морска струја и ветрови су га једне ноћи однеле на ту црну пустош.

Капетан се још више заинтересовао.

– Жестоко невреме бацило ме је на те стене. Привезао сам барку за камен који је био доста стабилан. Онда сам се завукао у дубоку рупу и ту чекао да прође олуја. Када се смирило, подигао сам једра. Мало сам веслао, мало ми је ветар помогао, али на крају сам стигао овамо, ужаснут.

– И ниси се окренуо иза себе да видиш шта има?

– Када сам се окренуо, та црна тачка се изгубила далеко у тами. А није ме ни занимало, зато што сам журио кући својој љубљеној Цвети.

– Ко ти је та Цвета? упита изненађено капетан.

– Никада више да њено име ниси изговорио, да га не прљаш. Нико не сме Цветино име да изговара. Осим мене.

Други су му дали знак да му не одговара. Онда је Стамули погнуо главу, скрстио своје руке и рекао му:

– Она је била моја жена. Умрла је. Изгубио сам и дете, дечака.

Затим је мало повисио тон:

– Капетане, имаш ли ти негде, на неком крају земље, своју кућу, жену, децу?

– Имам и унуке, одговорио му је капетан. „Пре него што се породе, кћери треба да се удају“.

Сви су се зачудили када су чули да капетан има и унуке.

– Ја немам ништа, вели му Стамули. Зашто да идем, када немам ништа; немам људску душу која ће да ме чека?

– Е, баш зато треба да идеш, одговорио му је замишљено капетан, баш зато!

– Можда си и у праву! рече Стамули. Само што одлазак, без дочека, нема сврхе.

Капетан је узео своју чашу, испио је до дна, и обрисао бркове.

– Била је ноћ, настави капетан, а и зимско време. Можда то и није била та црна тачка. Када кренеш према југу, море је пуно таквих расутих стена, где се галебови одмарају. Ако си ти био на југу, можда онда и ниси био на тој црној тачки?

– Стварно, можда и ниси био тамо? поновише остали.

Оно што је капетан рекао, одредило је његову судбину. Целе ноћи Стамули ни ока није склопио: „Стварно, можда нисам ни био на тој црној тачки? Можда таква тачка и не постоји?“ Чим су први зраци сунца изашли, Стамули се упутио ка кули на тврђави. Попео се веома високо, где није било ничега. Чуо је како шушкају гуштери по трњу и разрушеним угловима тврђаве. Сунце је било златно, у свом најбистријем облику. Бацио је поглед на то острво, на ту тачку, која је, као и увек, изгледала као поморанџа, у време свитања. Гледао је наоколо, не би ли угледао неку живу душу, а онда се сетио капетана. Прескочио је стене, лако као коза. Стигао је на обалу која је била пуста. Доле у дубини, десно иза последње увале, поред великог светионика, угледао је капетанов једрењак са подигнутим једрима, који се, уз благи ветар који је дувао, губио у сунчевој светлости. Полако се раздањивало на мору глатком и мирном као тепсија. Помислио је на Цвету и срце му је заиграло. Онда је кренуо обалом ка молу, а потом се зауставио и наслонио на једно дебело дрво; тамо је угледао носача Кохила, који је чистио своју галету[1] с ногама у хладној води:

– Дођи овамо, Кохиле, баци поглед на море, погледај тамо!

– Ја сам носач и нисам научио да гледам некуда. Сав сам се згрбио!

– Пусти сад ту грбу, бре; погледај тамо! Гледај тамо где показујем прстом. Да ли видиш једну наранцасту тачку, која постаје све тамнија?

Кохил се правио да гледа.

– Не видим ништа!

– Ма ти си, бре, ћорав, зато не видиш ништа! Срце ти је поцрнело на копну, зато ништа и не видиш! Тамо се налази једно острво, моје острво. Једнога дана, Кохиле, када ми сви досаде, оставићу све за собом и отићи ћу на то острво.

– О каквом ти то острву трабуњаш, капетане? Хајде да попијеш нешто, да се разбудиш, па да онда попричамо о том острву.

Стамули замахну ногом, шутну Кохила и гурну га у воду.

– Е, то ти је да научиш да скратиш мало језик!

Окрете му она своја широка леђа и оде. Кохил је био сав мокар; ухватио се за неку металну шипку и изашао; вода му се цедила с одеће. Изгледао је јако јадно, док су му те мокре ствари биле прилепљене уз мршаво тело. Кохил стаде да плаче, сав очајан. На пристаништу га је чекало брдо сандука да их пренесе. Сви дрвени сандуци, сви огромни завежљаји, све гвоздене шипке, и све даске на овоме свету чекали

---

[1] Врста брода. – *Прим. прев.*

су Кохила. Он је тако научио да трпи и да чека, да се вуче као црв, за парче хлеба, за чашу вина и да захваљује Богу који му је послао те сандуке и завежљаје на пристаниште и чије срце није могло да издржи да гледа Кохила како се предаје ђаволским бродовима и одлази на њих. Што је дан више одмицао, све се више људи окупљало на молу. Морнари, магационери, надничари, буљук босоноге деце, сељаци из планинских села, који су већ зором кренули ка пристаништу, уским и стрмим стазама, са натовареном робом на магарцима. Међу њима је био и Стамули, неиспаван, црвених очију, који се заинатио после оне приче са капетаном, и стално упирао прстом на море да чује и од других шта виде тамо.

– Не видим ништа!
– Не видим ништа!

А неки су се правили да виде много, како би задовољили његову чудну нарав.

– Да, то је неко копно, Стамули, са некаквим звоником на врху!

– Видиш и звоник? Око соколово имаш!

– Видим и звоник и неко дрвеће; не знам да ли су то тополе или чемпреси на оном другом крају.

– Е, па топола се много разликује од чемпреса. Хајде, погледај мало боље!

– Да, да, ипак су то чемпреси!

Један човек, који је стајао ту близу њих, рече им:

– Ја сам слушао о том пустом острву од мог оца. Каже да тамо има пуно крава и оваца, онда извора са бистром водом, да људи тамо лепо живе и воле се; не свађају се, али странце не пуштају, да се не помешају с њима и не покваре их. Они немају чак ни бродове, да могу да иду на друге обале. Свуда око њих су голе, дивље стене. Тако је мени испричао мој отац који је био породичан човек и не би ме слагао. И када би му се, понеки пут, неко од нас супротставио или би му свега било доста, говорио је да ће све ово напустити и отићи међу те неискварене људе.

И једна јако стара жена, која је била старија и од најстаријег дрвета на планини, слушајући њихов разговор, с тешком муком је скупила снагу да и она нешто каже:

– Стамули, ти си тек сада сазнао за то острво? Зар ниси знао да је тамо ветар однео гусаре, за време оних проклетих Турака, и пошто нису могли да се избаве одатле, ту су и окончали живот, и кости им и данас труну у тој пустоши? Бог поживео оног Доситеја, аскету, који нам је све то прочитао из сеоских књига, па смо ми отада држали четворе очи отворене и срце би нам задрхтало сваки пут кад бисмо помислили на те гусаре, да не дођу случајно и у наше место, да опљачкају све и да нас живе одеру.

Стамули је слушао и дивио се. Ни једног тренутка му није пало на памет да су то можда бајке и измишљотине. Поче и он да се поистовећује са тим острвом, и да га пуни платанима, зеленим ливадама, бучним воденицама и ветрењачама широких крила, и необичним неким људима, сличним њему.

И тако је, мало-помало, то постало обећано острво. Било је као из бајке, као из неке песме. Оно је било нада у неки други свет и у избављење. Нико га више није гледао као некакаву црну тачку; одједном му се изглед променио. Оно је на себи имало најлепше и најдражесније боје. Чак и носач Кохил, преносећи товар, застао би и потрудио се да га пронађе у дубини мора, па би онда дубоко уздахнуо и говорио:

– Ех, толику лепоту да има неко други, а да је тако далеко од нас!

Тамо се људи нису ни мучили, нити су се разбољевали. Може бити и да их је смрт заборавила. А и ако би их се сетила, сигурно би им отворила своја врата, као неки срдачни пријатељ: „Хајде, идемо!“, па би им својом малом нежном руком затворила очи, успавала их и одвела у дубок сан, из кога се више нико не буди.

Ех, проклет је човек! Без наде не може да живи. Тежак је и мукотрпан живот; бориш се свакога дана за парче хлеба, за мерицу уља, и онда се скљокаш, мртав уморан и сањаш рај. Само Стамули није престао да се пита: „Јесам ли га видео или не?“ Понекад би помислио: „Па, наравно да сам га видео. У оној мрклој ноћи, између црних стена у недођији није могло ништа друго да буде него то удаљено острво.“ Онда би се попео на кулу и упирао поглед на море. Некад је био убеђен да постоји то острво, а понекад ништа није могао да види. Све док једном није одлучио: „Идем на острво! И овако и онако сам изгубљен!“

– Кохиле, хоћеш ли и ти да пођеш са мном?

– Ја сам човек са копна, капетане мој! Неискусан сам.

– Стављај руке на весла. Сети се своје младости, бре Кохиле. И твој живот је пропао, као и мој. Хајде да идемо!

– А шта ако тамо, ипак, нема ничега? упиташе га остали.

– Ако нема, сто нас опет овде! одговорио им је Стамули.

– А шта ако је то неко уклето место, које пљачкају гусари а око њега је ђавоље море? Зар ти, Стамули, неће бити жао да и твоја несрећна жена крене с тобом?

Њему задрхта срце, и једва се одлучи да изговори те тешке речи, као када смоква пада са стабла на Велику Госпојину.[1]

– Нека и она пође са мном!

---

[1] Велика Госпојина је 15. августа по новом календару који се користи у Грчкој. Код нас је тај празник 28. августа. – *Прим. ред.*

Један вижљасти, јадни младић му рече:

– И ја ћу поћи с тобом, Стамули! У живот или у смрт! Нисам ленчуга, радићу!

– А шта ћеш да радиш?

– Што год ми наредиш! Нека ми се руке и ноге покрену, већ дуго немају посла. Стамули, бре, свенуо сам овде. Не могу више да чекам!

Стамули није ни речи рекао. Само је одмерио момка од главе до пете и није знао шта да му каже. Коначно, рече му: „Хајде и ти!" Сви други су ћутали. Кохил је погледао ону гомилу пакета на молу:

– Нека их тегле други! Ја сам своје завршио!

Чекали су погодан ветар да отворе бела једра. Прошло је недељу дана, две. Стално је дувала бура. Дође коначно и тај тренутак, када се све смирило и сунце пустило своје богате зраке на море. Дувао је пријатан ветар. Понели су храну, напунили бурад водом, понели су и ћебад, ако буде ноћу хладно. Много се народа окупило на молу да их испрати. Кохил је био дубоко замишљен. На обали је био прави мали празник. Стамули је голих груди стајао на прамцу. Нека чудна срећа му се изражавала у погледу: „У здравље, људи! Више нисам могао да издржим! Збогом, народе!" Одвезали су ужад. Пустили су мали костур једрењака, који се већ дуго година мучио од стајања у води, да крене својим путем. Мршави, јадни младић ухватио је ручицу крме. Друга двојица, Стамули и Кохил су наставили да гледају људе, који су дошли да их испрате... Полако су почели да се удаљавају. Прошли су поред великог светионика, затим поред камења које је ограђивало луку, па онда полусрушену тврђаву и њену кулу. Ветар се појачавао дувајући стално у крму. Људи су се полако разилазили. На крају су ови путници и њихов времешни једрењак изгледали као нека птичица која кљуца по води. Затим су постали мала мрља, док се нису потпуно изгубили у даљини.

Окруживало их је широко, отворено море, пуно замки. Кохил је изгубио из вида своје копно и блато по ком је ходао, гледао је около не би ли спазио неки гребен да умири своје ишчекивање, ништа није пронашао.

– Море, Стамули, упропастио си нас! рекао му је. Тражио си сапутнике који ће са тобом кренути у смрт, да ти угасиш муку која те исцрпљује! Али, шта сам ти ја скривио, Стамули, шта сам ја дужан!

И сузе му потекоше из болесних очију као киша.

– Где је, бре Стамули, та црна тачка? Где је то острво с говедима, воденицама и чатрњама? Зашто си нас повео, бре, Стамули? Зашто си уопште кренуо? Шта хоћеш да постигнеш, шта хоћеш да урадиш?

– Смањила ми се снага и горчина, Кохиле, бре. Човек не може да живи без ишчекивања, осуши се на сунцу као октопод. Кохиле, човек жели ваздуха и светлости.

– Па, зашто онда ниси одлучио да се укрцаш на неки страни брод и да радиш у туђини?

– Размишљао сам и о томе, Кохиле. Али такве лудости нису за мене. Да променим место? Нећу да га мењам! Хоћу да створим место, да пронађем ту непознату земљу.

Лице му је било обасјано некаквим необичним сјајем. Рекло би се да му је тај Кохил био средство да се спасе, да разгрне утробу и да га наведе да самог себе боље сагледа. После тога није више причао са њима, него једино сам са собом и са пространом водом и делфинима, који су били усамљени као и он, и који су скакали и правили буку:

– Животе мој јалови, мрачни и мртви! Збацићу те са себе, као подерану одећу, ако ми је тако суђено! Нагомилали су нам се рачуни, време је да их измиримо и да видимо колико је коме остало. Један теби, један мени! Па где завршимо!

Она друга двојица су ћутала. Овај Стамули је луд човек, али сада се те лудости, која га је притискала, ослобађа.

Послеподне је завладала непомична бонаца, срце да ти се следи. Скупили су једра, дохватили весла и нису мењали правац. Свуда око њих су весело скакали делфини. Спустила се ноћ; они се уморише, па стадоше насред пучине да се мало одморе. Онај вижљасти младић није ни реч изустио. Прекрили су се ћебадима да се не смрзну. Како се зора ближила, осећали су да је ветар почео да дува у супротном смеру. Поново дограбише весла. Таласи су се подигли јако високо, скоро несавладиви, са белом кићанком на врху, а онда су изручили своју „утробу" и сручили се на њихов изнурени једрењак. Оставили су весла и почели да избацују воду. Свака кошчица на овом костуру од брода је шкрипала и са муком се борила. Стамули је стајао на прамцу, мокре косе и груди, док му се тело тресло. Наређивао је шта да се ради, а у очима му је заблистала нека велика радост. Крв му је прокључала. Његов предак, гусар овладао је његовом вољом.

– Где је, бре, Стамули, та црна тачка, коју си видео са куле на тврђави? цмиздрио је већ полумртви Кохил. Где је, бре, то острво? Постоји ли оно или не?

Пуних шест сати су ишли против ветра. Обрве су им се напуниле сољу, а усне им се скупиле. Низ леђа им је лио зној у потоцима, наносећи бол. Затим је пао дубок мрак. Стари једрењак се час пео на врх таласа, час је тонуо у мрачни пакао. Момак је храбрио Кохила:

– Наше место је скучено и јалово, немој више да размишљаш о њему, Кохиле! Извуци из себе сву своју храброст, немој допустити да вене!

114

Његове речи је односио ветар, тако да Кохил пола није чуо. Бура се поново ускомешала, а они се скупише један поред другога и утихнуше. Таласи су ударали измучени једрењак. Пре него што ће изаћи месец, Стамули се придиже и стаде да размишља. Гледао је у даљину, а срце му се стезало, јер је та тачка била тамо у даљини, далеко од њих, као и увек. Јако је узвикнуо; и ова двојица се тргнуше:

– Кохиле! Кохиле! Отвори очи да видиш чудо!

Кохил је отворио очи, али ништа није видео. И момак их је отворио, и видео је! Време се поправило, раширише једра и запловише пресрећни.

Доста времена је прошло од тада. Кад год би било ведро, цело месташце би се окупљало на пристаништу да сачека Стамулија и његово друштво:

– Море се отворило и прогутало их!

– Ма, Стамули не може да се изгуби!

– Пронашли су то острво и заборавили нас!

Са југа је дошао и капетан са децом и унуцима, јер је сазнао за Стамулијев одлазак; само је вртео главом и ни речи није проговарао.

– Шта ли је, несрећник, утувио у ту своју главу? питала је једна жена, која је имала у кући много женске чељади за удају. „Изјела га је туга за његовом Цветом; помислио би човек да на овом свету нема више женске деце!“

Неки су се сетили Кохила:

– Јад и туга био је његов живот, тако му је било суђено!

– Ма шта сада њега помињете, говорили су други, он је и овако био изгубљен случај.

Онда су неки питали:

– Ма, људи, јесте ли ви видели ту црну тачку?

– Не, нисмо је видели, одговарали су остали.

И опет би се састајало цело месташце на пристаништу, да сачека Стамулија и његове сапутнике:

– Стамули не може да се изгуби! Таквог морског пса, који би могао Стамулија да поједе, Герамби још увек није направио.

– Ево тог острва! Израсло је из морске пене као цвет.

– Да, као цвет. Сада Стамули гради нову барку са својим друговима. Налазе се на ливадама, међу великим стадима, а шири му се свело срце. Ето, нека и црни Кохил види Божје лице.

И стално су чекали, и стално су чекали дан повратка очајни и измучени, сав тај народ...

МОРСКИ ХОДОЧАСНИЦИ

„Каквом сам се илузијом до сада
заносио, да бих га начинио сличним
себи.“

Андре Жид, *Ковачи лажног новца*

Пријатељу Јоргу Теотоки

Продавац рибе је поново сишао до мола. Спустио је корпу на камен, угризао се за усну без неког разлога, и кренуо да посматра воду неким чудним погледом, упереним у даљину...

Јако је добро познавао све оне муштерије на обалама Саронског залива, које су ту долазиле пре двадесетак година. Знао је сваког богаташа, сваку жену грешницу по ногама, а и јефтино је продавао морске плодове – за две педесетице. Звао се Армени, годинама удовац; имао је и брата, који је одлутао у Италију, да новцем од неког наслеђа заврши студије вајарства.

Када се на обали упале светла и море постане модроплаво, боје индига и скоро сасвим тамно, продавац рибе силази до мола, седа на неку стену, и замишљен и сам гледа својим зеленим очима бескрајни морски предео – непомичан, без израза и без наде... Његова огромна, обријана глава једва се држи на здепастом, оронулом телу; руке мале, као у детета, забијене у празне џепове преживљавају му-

ку беспослице – већ им је досадило да двадесет годи-
на држе корпу са морским плодовима...

И док је мрак постајао све гушћи, он је и даље
седео непомичан и тих, изгубљен пред морем, које
одише самодовољношћу. Гледају се тако њих двоје,
ћутљиви човек и море, али не могу да се сете да ли
су се некада за ових двадесет година ближе упозна-
ли, зато што га продавац до сада није додирнуо ни-
једанпут, чак ни јагодицама прстију. Било му је до-
вољно да га у себи осећа као нешто драгоцено,
скривено негде у души, са толико мудрости и горчи-
не...

Када му се сенка више није могла препознати на
води, он се промешкољи на стени, дубоко уздахне и
почне да извлачи из свог десног џепа ситан шљунак,
каменчиће, и да их дуго баца по дрхтавој морској
површини, као увучене шавове – горке отровне ша-
вове. У почетку му то полази за руком, али, касније,
зада себи већи циљ – да са једним сићушним камен-
чићем, преко непрегледног морског „пазуха" стигне
до краја хоризонта. Нико га не гледа шта ради. А
море постаје зелено и тајанствено, милује стене, ча-
врља са морским травама, а затим почиње да се до-
шаптава са небом, и ко зна кад ће се то завршити...

Јесен се спустила на празну веранду, са платано-
вим листом, испуњавајући предграђе благошћу. Др-
веће ју је стрпљиво дочекало. На булевару који се
пружао дуж обале, закаснели трамвај је решио да
одвуче своју блештаву празнину, али се ипак зауста-
вио да покупи неког одоцнелог путника. Продавац
риба се у мраку не разликује од мора. Бацио је и по-
следњи каменчић, затресао раменима, узео корпу
испод мишке и пошао горе у дубокој тишини.

Међу малобројним људима који су дошли да по-
здраве море, био је и један пар, близу подијума у не-
ком локалу. Мушкарац је изгледао живљи, можда
зато што је много желео у животу. Девојка је без-

брижност оставила у гимназијским клупама, а понела само своју лепоту. Кренуше. Та лепота јој је јако засметала да победи. Тада он оде, остављајући за собом океан, свеску са песмама, уз то и њене врлине.

Тихо су разговарали. У тишини, која је промицала између њихових речи, чуло се море које их је подсећало да тело не путује само...

У једном моменту, потражио је њене очи. Посматрао ју је...

– Како си живео тамо у туђини? Где си трошио новац? Докле су те одвела твоја маштања?

– Ах... рече младић незаинтересовано, желећи да се окрене према мору. Избегао сам мале страсти које слабе вољу и ум...

Гледали су се. Таласи су допирали до њих – били су као укочени, жедни језик, али пун задовољства. Девојка је наваљивала:

– Причај ми о својој великој страсти...

Он се сагао и написао на белој салвети њено име. Међутим, тада се један велики талас излио, повукао са собом ружичасти шљунак, скоро потпуно затрпан, и поквасио им ноге. Њему се учинило да је талас дошао до површине стола и поквасио салвету, бришући њено име са тог белог простора испред њихових очију...

Она га је гледала, ћутке. У очима јој се назирала некаква полусветлост чежње која је треперила час јако, час као да ће се угасити. Њена влажна уста упиташе, да не би давала одговор:

– Прошло је десет година...

– Да... десет година... поновио је он.

Окренули су се ка мору и посматрали га. Онда се он сетио да је био песник:

– Ја сам био морска трава, али ти си била корен. Како је време пролазило, осећао сам да ме море вуче на обалу. То је изненадна болест која мења живот заувек...

Очима је тражио њене усне, али их је она избегла, показујући му две ниске белих зуба, не би ли сакрила своју чежњу:

– И ја сам хтела да живим у Индији, на Пацифику, и свуда где си ти био... Ех, да си имао храбрости да ме поведеш са собом, тада када смо завршавали гимназију...

Опет је прибежиште нашла у мору. Молила је море да све то прими у себе. Свих десет година да баци у таласе, и да постану пена и да оду у дубину... Нека брзо падне мрак, да може да сакрије свој поглед испод густих обрва, које не могу да задрже грешне тајне из тих десет година...

Жели да избегне тему.

– Сећаш ли се оног нашег попа који је јурио за лепотицама и коме је сметао мирис црног лука?

Младић се насмејао као дете.

– Да... сликао је, сећам га се...

Онда се она одважила и није се више плашила својих обрва:

– Да ли се сећаш када смо у фиоци катедре оставили два исечена лука и када их је видео, скочио до плафона?

Младић се није сећао, али је ипак рекао „да...". Она се још више усплахирила... Око јој се замутило од снова.

– Ево, овако је било; направила се општа помет-ња. Одвели су нас код директора. Али, нико није знао ко је то урадио. То сам била ја. А знаш зашто?

Једино што је могао да јој одговори, било је:

– Да, знам, зато што си била лепа...

Она је погнула главу, а у оку јој је заискрила суза.

Испред ње је стала једна девојчица са цвећем. Лепо је била очешљана. Само што је узбрала цвеће из своје баште да га прода, да јој мајка сашије нову школску кецељу.

– Има твоје очи, рече му девојка. Узећу све ове нарцисе.

– Узми, зажелео је и он.

Али, она више не може да се смири.

– Дакле, никоме није пало на памет да сам то ја могла да урадим...

Младић је замишљено поновио:

– Никоме...

Онда се тргао и додао:

– Чак ни мени ниси хтела то да повериш. Од тада... почео је да прича тише, а његова реченица је остала недовршена да лебди у ноћи и расула се у комадиће. Затим је покушао да узме један комадић: тако ти је са неким људима. Не можеш ни да стигнеш да их упиташ "зашто", па те онда више ништа и не питају у животу...

Око њих се ширила месечина, а мрак је био све гушћи. Она је затворила очи. Продавац риба је стао испред њих, и размишљао како су они баш једно за друго, а онда их је упитао да ли желе нешто од морских плодова, међутим, они га нису приметили. Одједном, настаде ковитлац. Море се осамило у тами, помахнитало, ударало је својим подивљалим шибама, упутивши се ка острвима и светионицима да бије битке. Ту, на дну мора, помешаше се они мали округли Арменијеви каменчићи са шљунком и талас их избаци пред ноге овог пара. Склопили су се и правили бразде по води са својим друштвом...

Постајало је све хладније и људи с обале одлуче да се склоне у кафану.

У кафани су подигли надстрешницу, затворили стаклене веранде и све унели унутра. Два мала стола су одвојено стајала у углу, са погледом на море. Као да су очекивали посебне госте. Младић и девојка су хтели баш ту да седну, али их је конобар замолио да одустану. Столови су били резервисани за двоје, за један тек венчани пар. Онда су се одлучили за један други сточић и утонули у народну песму, која је чежњиво допирала од Софије.

Младић ју је упитао:

– Немаш ништа више да ми испричаш о гимназији?

– Ех... рече девојка, после школе је дошло све оно чему се нико није надао... Али је живот у школи био само наш...

Младић застаде колебљиво и погледа је. Она је направила некакав нејасан покрет како би сачувала тајне њиховог десетогодишњег раздвајања, али које су њене очи притајено откривале.

– После школе је почео стварни живот, а ти као да желиш да останеш у оном старом! Чудно! рече замишљено.

– Не, рече му она живахно да одагна те његове лоше мисли. Сада, када сам поред тебе, свега се јасно сећам...

Кроз главна врата ушло је трочлано друштво. Жена и два мушкарца у смокингу. Изгледали су добро расположени, али озбиљни. Жена је на себи имала црни костим и два ситна ока, којима је несвесно посматрала све око себе. Један човек је био старији, са некаквим пегама по лицу. Стајао је поред њих. Он је био кум. Њих троје су наставили са причом, коју су још успут започели, а очигледно да је било нешто занимљиво, јер чим су стигли, жена је нестрпљиво погледала кума, да им још нешто каже и одагна тишину. Младожења је имао преко четрдесет година. Био је висок, утегнут, црномањаст, али некако незграпан и трапав; међутим видело се да је успешан и цењен. Изнад десне обрве имао је дубоку, ружну бору. Поред њега је седела она, сићушна и крхка, изгледала је као неко уплашено и неискусно дете, и управо зато се обраћала куму, како би се спасла своје укочености. Познавали су се само месец дана пре него што су се венчали. Можда ће ићи у Аустралију, она се нада томе до самог дана поласка. Припрема се и нада се... Када су завршили са причом, погледаше у јеловник да виде шта има, а онда су се окренули према осталима у кафани.

И сви су тада постали једно.

Први се усудио да им приђе продавац рибе. Можда би хтели нешто свеже? Она је нешто неважно упитала кума, младожења је запалио цигарету и нико на њега није обратио пажњу. Армени им се поново обратио. Али, ништа. У последњем тренутку, док се спремао да изађе кроз стаклена врата поред мноштва људи које су конобари услуживали, једна рука му махну. Неки мршави младић, који је имао тридесетак година, хтео је да узме нешто морско. Јуче је био навратио у ово време да се мало одмори од приправничких радова, које је јутрос предао Кривичном Суду. Говорио је пред умним људима *О нужним ситуацијама, и наравно о законима везаним за њих.* Лице му је било бледо, коса пре времена оседела, али му је будућност била сигурна и једноставна. Гласно су разговарали о морским плодовима, а тихо о било чему свежем што је имао... Њих двојица су и раније разговарала, јер је тај младић живео ту у предграђу. Разликовали су се од других у једном погледу.

– Да?

– Да.

Армени се окренуо и спремао да пође, кад је одједном на обали нестала струја због квара на кондензатору. Обала је утонула у мрак. Армени је застао, раширио прсте и нешто рачунао, а потом се упутио ка великим хотелима. Иза њега је море хучало...

Младожења је расположено ћаскао с осталима, пружио стидљиво руку и снажно стегао руку својој жени. Она је, у мраку, уздрхтала од тог његовог додира – од његове руке, која је знала за чуло додира још пре двадесет година и зато јој је била страна. Ватра јој удари у образе. Благо је намрштила своје невино чело, и пре него што се потпуно смрачило, летимично је прелетела сјајним погледом око себе: угледала је пар који је седео поред њих. Помислила је: „Биће да се воле. Он је још млад. Сигурно се воле...“ Снажна рука, која ће постати њен предводник, заустави јој прећутно сањарења. Жели! И она сад осећа потребу да завиди! Али та рука, од овога часа почиње да води. Говори мирно младић од пре двадесет година, који је радио у рудницима и сањао на том суровом месту да заслужи такву господску ручицу... Од тада је још научио да нешто снажно жели.

Оно двоје младих похрлише у загрљај ноћи. Чим би младић отворио уста, она је настављала да прича о својој школи. Присећала се оног њиховог математичара, који је био нежења, и који је последњих дана школе стално запиткивао матуранте о њиховој „једној“ љубави. Младић је приближио усне њеној коси. Размишљао је о океану који их је десет година раздвајао. Он је ућутао због мора и изгубио се, а она? Она је била запрепашћена његовим ћутањем. Плашила се да пита „зашто“? Он је оклевао да пита „зашто?“ Њу је мучила последња сцена коју је приметила пре него што је настао мрак: „Ови поред нас су се тек венчали. Она сад има свога мужа. Он је угледан човек и сигуран. Осећаће се потпуно безбедно поред њега. Биће њен до гроба.“ Младић је опет бојажљиво принео усне коси и покушао да откине једну влас... Дрхти да је не додирне, дрхти да она то случајно не осети. Откинуо је! „Једна влас“, мисли, „само је једна влас коју могу да јој узмем... А младожења поред нас може да бира – он може да јој узме све!“

Снажна рука, која је од вечерас почела да води, немо је у мраку молила, молила у сузама: Мало самилости за четрдесет година. Мало симпатије према овој руци, која је миловала и скривала толико много других. Али жена је непомична поред њега и инати се својом покорношћу. Свом својом покорношћу. Њих троје се забављају у заједничком разговору, а свако остаје издвојен.

Конобари, који су се узвртели око рачуна, упалили су две мале лампе као помоћ. Оне су слабо засветлеле и све их поново ујединиле.

Професор чека. Врти се у столици, гледа на сат, гледа тек венчани брачни пар и размишља како ће они вечерас да направе први корак. И чека. Синоћ је у ово доба, ошамућен од посла, дошао да се мало забави. Јуче, у ово доба, замишљао је усијане главе, монокле и неискусне руке испод његове катедре. Јутрос су се те руке помериле. Проговориле. Изрекле су благослов његовој будућности и изгубиле се... Јуче су биле неискусне, али данас тражи једну. Тражи је по хладним хотелским узглављима, на задњим седиштима у биоскопу, на игранкама – у хаосу...

Тада Арменијев каменчић лагано дође до ружичастог шљунка, који брзо нестаде са пешчане плаже, прикључи се своме друштву и, сирочићи, почну да теше једно друго.

Али тај полумрак је био диван. Девојка затражи да прошетају. Корачали су обалом и чаврљали, смејући се. Тамо, у даљини, море се комешало, али никоме није била потребна помоћ. Ходали су загрљени и безбрижни... Одједном, она му се отргне из загрљаја, отрчи на плажу и почне врхом ципеле да исписује њихова имена. Прво је написала своје, а онда и његово; а после опет своје, али са његовим презименом. Младић ју је оставио и окренуо се ка мору, које је сада дисало тешко и неуједначено. Узнемирила га је једна непријатна мисао, па отрчи до девојке, која је завршавала њихово треће име, да је упита:

– Шта мислиш, ко ће први избрисати наша имена са песка?

Очи су му се натмуриле, али она то није приметила, и прсну усмех:

– Како си ти понекад чудан! рече тражећи да је пољуби.

Али, он је био упоран:

– Размисли, размисли мало...

Она се тобоже прибра, заузе љубак став привидне озбиљности спремна да размишља. Онда се сва срећна тргне, дохвати га за руку и пођоше малим корацима по плажи:

– Талас, каже и погледа га победоносно.

Али он је разочара:

– Ама, талас не стиже чак довде!

Онда се она узјогуни, нервозно корачајући поред њега и љутито пљесне рукама:

– Знам! викне опет славодобитно. Ветар!

Младић начини гримасу:

– Не стиже тако ниско, а и ако стигне, закасниће...

Девојка се снуждила.

– Уф, како је дубоко то што говориш... Тако и некад у гимназији, говорио си ми неке ствари док смо сами шетали по вртовима. Ухватила га је за руку и изашли су на главни пут. Ћутали су и размишљали. Њу је мучио инат:

– Реци ми најзад ти, ко ће то први избрисати?

Младић је застао збуњено на трен, уронио јој руку у косу и одважно одговорио:

– Па ти си га прва избрисала, док смо се малопре шетали, растурајући га врхом својих ципела по песку...

Застао је за тренутак и погледао у море да избегне њене очи, које више нису хтеле да питају, али ни да кажу ишта. Изненада је повикао гласно и чудно:

– Ти! Ти си избрисала своје име!

Девојка је занемела. Гледала га је, није говорила, померила се у страну да прође неки аутомобил и наставила је да хода поред њега, ћутећи.

Док су одлазили из кафане, онај тек венчани брачни пар се поздрављао са кумом, смејући се и гласно причајући, и били су спремни да уђу у ауто који их је чекао. Младић и девојка су стали и гледали их. Погледи им се сретоше у снопу светлости лимузине у пролазу. Млада је помислила: „Враћају се...“ Младић је помислио: „Одлазе...“ – И баци један камен, равнодушан према свему, чак и према својој судбини. Али је девојка наставила пут ћутећи, због оне његове одлуке. У једном тренутку га је погледала, одмеравајући га, схватила га је без тешкоће: и пустила да јој две оштре линије на јагодицама најаве одлуку: Било је време.

Младожења се сагну и ушао први. Кратко време је брачни пар остао без речи у аутомобилу. Били су само њих двоје. Он је отворио прозор на колима да слободно улази ноћ и обухватио је око струка. Али се жена најежи. Погледала га је мутно из дубине својих двадесет година и сама му се приближила – робиња непокорена. Онда се поново, у дубини мора, други Арменијев каменчић помешао са ружичастим шљунком што га је талас повукао са плаже. Приближили су се с толико бола; загревала их је толика опијеност. Више нема ничега што их раздваја; рекло би се да су постали једно – али ко би подозревао да је између њих вода?

Прошло је неко време.

Професор је испражњен изашао из високог хотела. Тетурао се; било му је мука од оне Арменијеве свеже робе. Пошао је уличицом кући мислећи успут о мрачној забави у свом животу: само болешљива старица мајка која му сад вероватно спрема ону скромну вечеру. А тек се доста касније сетио својих књига...

Док је тако мирно корачао, одједном је одсечним покретом високо подигао руку и узвикнуо у потпуној самоћи једно гласно „не“, које је вечерњи ветар једва дотакао. На својим вратима једна старија жена као да се уплашила. Зауставила је вретено, саосећајно погледала према залуталом гласу, али се горко насмешила и једноставно одговорила „да“ на његово снажно „не“.

Прошло је још неко време!

Талас је донео поруку са мора у плићак. Једна птица се уплашила од лаганог корака тог човека. Али је девојка невољно од себе одбацила истину и остала без осећања.

Аутомобил је сада јурио, гутајући миље свежине. А онај човек с дубоком бором борио се у мраку мирним, упорним и поузданим гласом за њену срећу. Никада у свом животу није имао у рукама сјајнији и лакши метал све до овог тренутка. Ипак је био сигуран: она ће доћи. Тренутно путују заједно, а одвојено. Али она ће доћи прва. Робиња је – обоје су робови! И вратиће се заједно...

Већ је прошла поноћ.

Младић и девојка путују последњим возом. Говоре о обичним стварима, о мору, о јесени, и о дугој зими. Седе једно поред другог и размишљају. Једног тренутка младић одлучи да каже нешто и о пролећу, али девојка нагло устане и пребаци му:

– Јако је касно. Већ је јако касно... Зар још?

– Зар баш никад, за ових десет година док ме није било, ниси остала напољу до поноћи? Необично...

Она га гледа и пита се: „Ко је он? Откуд је стигао? Зашто?“

– А да; остајала сам и онда, одговара као успут, али онда је било друго годишње доба... Сада је стигла јесен... Већ је јесен, рече поново, и извади огледалце да се погледа...

ЈУЛИЈА ИЈАТРИДИ

ДОЧЕК

Сваког понедеља стиже брод. Улази у пристаниште, извлаче се степенице и почињу да силазе мушкарци, жене, стари, млади, деца.

Био је дете. Брзо израсло. Прерастао је своје године и већ је почео да се брије; узимао је очеву машиницу за бријање. За нову годину му је отац поклонио нови бријач. Он, наравно, није више користио стару машиницу. То је оцу ускратило велико задовољство које се састојало у следећем: када је раније користио своју машиницу после сина и прелазио њом преко својих образа нежно, полако, као да их милује, осећао је на лицу извесну нежност свог детета. И са лица би му се некаква топлина ширила целим телом. То је било дивно. Ех... Тога више нема. Готово је. Син је сада имао свој бријач и нежности је дошао крај.

Ипак га је то задовољство коштало можда више него што је требало. Пошто га је то већ неко време мучило, једнога дана отац узе синовљев бријач. Обријао се њим и поново је осетио ону стару нежност. Потом га је пажљиво очистио и вратио на место. С времена на време би опет то учинио и осећао би неку драж, јер је радио нешто што не сме. Једнога дана је чуо сина како каже мајци:

– Ако већ користиш моју машиницу за бријање, реци ми, да променим жилет.

– Ја користим твоју машиницу? Шта причаш, сине мој? Ако ми устреба бријач, увек узимам бријач твога оца. Никада нисам узимала твоју машиницу. Чуј само... Твоју машиницу!

Отада је отац био у страху да син не примети шта он ради. Плашио се и сваког проницљивог разговора са својом женом, није више тражио нежност. И данас је понедељак. Брод је стигао. Народ је силазио са бродских степеница. Била су само двојица младића. Наравно, ниједан није био његов син. А требало је да дође овим бродом. Додуше, није им писао. То већ одавно не чини. Као и увек, његова жена је била у праву:

– Јеси ли ти луд? Зашто идеш да га чекаш? Случајно сам срела једног његовог друга на улици, ни он није знао када треба да дође. Сазнао је само да треба да дође и да га чекају, али када тачно, није знао. Па, онда, зашто идеш тамо и умараш се?

– Не умарам се. Прошетам се. Да удахнем мало ваздуха.

– Да би се надисао ваздуха, не мораш да се гураш у два превозна средства, да стојиш на оном пристаништу и да дреждиш тамо сатима чекајући.

– А што да не чекам, кад ће да дође?

– Да, али када тачно?

– Е, пошто не знамо када, чекаћемо и бићемо спремни. Стално треба да смо спремни.

Жена више ништа није говорила. Само га је посматрала. Увек тако. Што она више схвата, мање говори.

Народ је и данас престао да силази са брода. Степенице су остале празне. Нема никог више. Не! Ево једног морнара. Изгледа да је из посаде. Држи неки пакет у руци и коферче у другој. Ни у ком случају није то његов син. Не одговара. Не би постао морнар. Уосталом, за то није требало да оде од њих, да живи у туђини.

Претходне ноћи је падала киша. Плочници на пристаништу су били влажни и клизави. Ђонови на ципелама били су потпуно мокри. Смрзле су му се ноге. Брод је и данас дошао. Као и увек, постављали су степенице оним истим, стереотипним покретима. Људи су поново силазили. Овог пута, била су четворица младића. Један личи на његовог сина. Скоро да га позове: „Хеј, здраво, овде сам. Видиш да те чекам..." Степенице су остале празне. С мора је долазио хладан ветар и постајао све јачи. Боље је тако. Просушиће се ови клизави плочници. Па, да крене сада. Жена ће опет гунђати и биће у праву. Ала је хладно... Да умреш... Изашао је из првог аутобуса. На други се чекало. Ветар је постајао све јачи. Упорно је дувао, рекло би се, као да има у себи милион иглица, које немилосрдно боду. И тако, док оне боду – гле, чега се он сетио: Када је његов син био мали, често је ишао да га узме из школе, и једнога дана, када је јако дувало и падала киша, таман када су хтели да зађу за угао, ветар је подивљао, ошинуо и преврнуо му кишобран! Детету је то толико било смешно, да је почело да се смеје... Тај смех, који је и сада чуо, умножио се у милион звончића и одзвањао му у ушима; исто толико је било и леђених иглица, које су га сада боле, док је још увек чекао други аутобус.

– Ама, човече, лепо сам ти рекла, зар не разумеш да зими можеш да се разболиш, ако одлазиш сваког понедељка у луку и тамо дреждиш? Ето ти сада, какав си. Сав дрхтиш. Хајде, попиј нешто топло. И жваћи тај аспирин, немој само тако да га прогуташ.

Чврсто је заспао. Тако чврсто, као да је путовао морем тишине, изван граница живота.

И данас је понедељак; и како се он поново обла-
чио и спремао за свој уобичајени ред вожње, жена
се наљутила:

– Опет идеш доле? Не. Нећеш ићи. Данас нећеш
ићи. Нема потребе. Није написао када ће доћи, ког
дана и ког датума и не разумем зашто ти треба да
трчиш тамо.

Мало касније се умирила, пришла му:

– Молим те, немој да идеш. Мени за љубав.

За љубав према својој жени, која се годинама,
већ тридесет и две, није изгубила. Зар због овога?

– Добро, добро. Ево, нећу ићи, и настави да се
облачи.

– Како не идеш? Па, зашто се онда спремаш?

– Ето, тако, да прошетам. Хоћеш ли нешто да ти
купим?

– Узми воћа. Чекај, и хлеба.

Он оде. Данас је било лепо, зато што је сунце
баш лепо грејало и зато што је успео да на време
стигне у луку, баш кад је брод улазио. Иста му је на-
да добила облик брода, који се њихао, и њихао, по-
већавао, ишао право на њега.

Био је испуњен овим величанственим призором,
одахну, па седе за један сто у бифеу, напољу, на тро-
тоару и сунцу, и наручи слатку кафу; дивећи се бро-
ду-нади, који је упловљавао у луку, пристајао и спу-
штао степенице.

Путници су излазили. Он је попио кафу и већ не-
ко време, од када су путници почели да силазе са
брода, стајао на пристаништу, на свом уобичајеном
месту, спреман за дочек. Само је један младић си-
шао. И као за баксуз, тај уопште није личио на ње-
говог сина. Али уопште. Нимало. Био је плав. Пот-
пуно плав, као избељен. Види, молим те, плав? Што
није био макар смеђ? Па, чак, иако не тражимо не-
могуће, да је црн и да је то он, зашто баш плав? Ско-
ро избељен?

Онако бесан, оде. Седе у један аутобус, па у други, срећа, није било гужве и стиже кући. Жени је рекао да је био у посети код једног њиховог познаника, посредника, који је био болестан, и замисли, молим те, његова жена је „скренула"...

– А? Па, шта је урадила?

– Шта је урадила? Кажем ти да је полудела, потпуно. Замисли, офарбала се у плаво, коса јој је као слама.

Жена је схватила да је слагао, и да је сигурно поново био у луци. Али, те глупости о плавој коси посредникове жене, и да је она полудела – то ју је дотукло.

Опет је био у луци. Северац је тако секао, као да је хтео да му одере кожу са лица и да му остави само незаштићене окрвављене кости. Кратки, непрестани налети ветра, и оштре капљице морске пене, и мртве би подигли из гроба. Човек скину наочари, дуну на њих, очисти их, па још једном, али со се није скидала. Поглед му се замути, и није могао да разазна људе око себе. Када их је добро избрисао, као да је нешто боље видео степенице низ које су силазили путници. Оде и он тамо напред... Тако, док је корачао с ветром у лице, оштри налети непрестано су му се забадали у лице, као да су хтели да му направе још дубље боре. Овај. Овај, који је сада сишао... и, наравно, личио је на њега. Чак је и црн. С оним његовим дебелим капутом, сав ужурбан, иста фигура... Још мало се приближио. Наочари му се опет замаглише. Очистио их је, а када их је ставио, биле су још мутније. Некако, у оној магли, угледа младића који се приближавао – отвори уста да нешто каже, али му глас није излазио, баш као у неком кошмару. И баш као у сну, младић прође поред њега и загрли једну жену, која је стајала тик иза њега. Окрену се; посматрао их је. Ветар је слао много других оштрица... Наочари су се наједном разбистриле, као да се онај вео од магле подигао, и он сада види младића и жену како се грле и љубе. Пратећи ову сцену, једино што је његов ум могао да помисли било је: „Чудно. Да толико личи на њега, а да то ипак није он..."

Ушао је у бифе, сео и поново затражио кафу, слатку кафу. Остао је ту да гледа онај усидрени брод, са којег су још увек висиле празне степенице. Нико више није силазио. Одједном је осетио потребу да са неким разговара, макар само да чује свој глас. Упитао је конобара, који му је донео кафу:

– Када одлази брод?

– Овај? Сутра поподне.

– Сутра, поподне?

– Да, господине. Је ли неко од ваших на њему?

– Није. Онако сам питао.

Неко је позвао конобара, и ту се прича завршила. Устао је. Ухватио превоз. Поред њега седела је једна госпођа са дететом. Како се дете померило, тако је мало наслонило руку на његово колено. И мало-помало, почео је да осећа ону топлоту. Прво на колену, а потом је осетио како се шири целим телом... Било је исто онако, као некада, са малом руком његовог сина, која је, како је време пролазило, све мање могла да стане у његову шаку. И што је време више пролазило, све је мање могао да је држи. Све ју је мање стезао, јер је све мање прилика било за то. Та рука постала је дуга, лепа, већа и тања од његове. Тада ју је само гледао.

Најед ном, ово присећање прекину један глас поред њега, а у његовом срцу остаде и даље да живи пријатна топлина, као чвор исплетен заборављеном тугом.

– Лаки, немој да сметаш господину. Грубим покретом, госпођа која је седела поред њега, помери руку детета са његовог колена, рекавши:

– Извините.

Он се на силу насмеши и прошапута нешто као: „Нема везе", и настави да гледа напоље, кроз стакло аутобуса, како промичу куће на улицама, продавнице, трафике и дрвеће. И тако све пролази, само пролази. Неповратно.

Тада, у његовом срцу почеше да лупају нека ледена, челична крила, у облику малог длана, који треба да израсте, оснажи се и постане необично пљескање рукама.

Тек касно ноћу, престаде у њему то пљескање руку, и тада је могао да заспи.

Наравно да је опет понедељак. Али, данас се програм некако променио. Не у суштини, али у начину. Данас он није ишао са два превоза, нити је дошао у луку. Односно, није тамо био својим телом, али наравно да је отишао. Отишао је својим мислима и душом, иако је остао да седи у кући, за столом. Новине је држао отворене, да би га видела жена, и да се не би бринула због њега. На крају крајева, шта је несрећница крива...

Напољу је лило, као из кабла. А унутра, наспрам места где је седео, био је орман са сатом. Кроз његове казаљке приказивала му се лука. Ето и брода. Стиже на време. Све покрете је пратио. Чуо је звекет сидра. Ево, сада бацају ужад. Једно се откачило и пало у море. Хватају га и извлаче напоље. Везују брод. Путници силазе низ степенице. Једна рука. Подиже се једна дуга, танка рука, поздравља га. Њега? Можда неку жену која га чека да се загрле и пољубе? А шта ако га жена не чека? Ако? Да ли је сасвим сигурно да ни овог пута није дошао? Или ако је дошао? Да ли је? Није? Да? Не?

На свако „да" и на свако „не" његово срце је правило некакве необичне окрете. Неке окрете, који су га терали да се врати уназад, да стигне у сигурност сећања. И да се ту укотви. У оно поподне, када је

136

ишао да узме сина из школе. То је било први пут. Стајао је напољу, пред вратима, и чекао. Деца су почела да излазе. Е, управо такве скокове је правило и његово срце, као када је, међу оним дечјим главама по скакутању препознао, тамносмеђу главу свог детета. А затим, његова ручица у његовој шаци. „Расте", размишљао је. И док ју је тако држао, одједном је стегну. А дете, као да се изненадило, подиже своје слатке тамнозелене очи и откри једну мајушну капљицу, која је пловила у оном погледу недоумице. Потом су стали код киоска. Он је узео вечерње новине и таблу чоколаде, од оних већих, за свога сина. Срце му се од јаког лупања запалило и ширило је топлоту целим телом, а сунце је сијало, и био је леп дан. Милина Божја!

Поново је отишао у луку. Али само из једног разлога, који је био веома битан: Хтео је да буде сигуран да није дошао.

Пролеће. Краткотрајан, али јак пљусак. Стајао је тамо, не померајући се, у скоро потпуно мокрим ципелама, са ногама хладним до колена, и гледао улаз у луку. И шта је видео?

Блиставу дугу којом је сунце ломило кишне сузе и испуњавало је бојама које су као венац стајале изнад брода... Е, да, и брод који увек стиже у одређено време. Величанствено се њише; упорно се њише. У његовом срцу поново ударају сва она челична крила, у облику малог длана. И што се брод све више приближава, пловећи кроз сунце, то се ударање у њему све више шири. Дивно је. Чудесно је, јер се и њему срећа смеши. Само за њега. И то зато што је он знао да чека. И од јаког ударања, његово срце се потпуно отворило да прими у себе цео овај брод наде. И рашири руке, да би је, сат касније, дочекао и загрлио...

Када је видео да се свет окупио на доку, оде и конобар из бифеа да види несрећу. Један старији човек се оклизнуо и пао у море. На месту је остао мртав. Кола хитне помоћи су одлазила, завијајући страшно. Конобар се окрете ка једном човеку који је стајао поред њега:

– Е, бре, мученик, често је долазио у бифе. Наручивао је једну слатку кафу. Некога је чекао. Неког, ко није долазио. Мислиш ли сада да ће уопште доћи?

ГРЧКО ОСТРВО

Сунце само што није зашло. Небо је било злат-
но, и цела је атмосфера била златна, поља, масли-
њаци и ограде. Чак и Филип. Седео је на грани ма-
слине, клатећи у ритму своје дебеле босе ноге, које
је пустио да висе, и гледао како се мале округле мр-
ље сунца, које су се пробијале кроз лишће поиграва-
ју на његовој испуцалој кожи.

– Још један дукат, рекао је озбиљно. Још један
дукатић, и још један!

Каткад би бојажљиво дизао главу вирећи кроз
гране маслине. А небо је стварно било право злато.
Филип се узнемирио. Преплашено је принео руку
очима и прекрио их уз тихо јечање, онда је опет спу-
стио главу и опет погледао ноге, бројећи у ритму: и
још један дукат, и још један...

Затим се замислио и стидљиво, тихо прошапу-
тао, као да је говорио некакву тајну: Направићу цр-
вену торбицу са златном пантљиком. Па ћу да саку-
пим све ове моје дукатиће.

– А онда, Филипе, шта ћеш с њима? упита га не-
ко, ко је стајао позади и смејао се.

Филип је спласнуо; угризао се. Обе руке је ста-
вио на уста, као да је тако могао боље да сачува сво-
ју тајну, а потом прасну у смех, церекајући се грохо-
том. Међутим, он се није чак ни окренуо да види
одакле допире тај глас, него је поново почео да се
клати у ритму, па упита тобоже равнодушно:

– Овде си?

Овај није одговорио, тако да се Филип наједном уозбиљио. И тако је неколико тренутака прошло у тишини, веома кратких, тек толико да небо промени своју боју. Сада је било црвенкасто – једна јарко-црвена нијанса.

– Шта то радиш? сада је био веома озбиљан.

Овај други се насмеја. Био је то младић који је наместио своју дрвену кутију иза Филипа и сликао.

– Дођи да видиш, рече му, смејући се.

– Нећу; да ми кажеш шта радиш.

– Добро, инаџијо, рећи ћу ти...

Напола је затворио очи, посматрајући своју донекле завршену слику. Маслине, чемпрес, срушена ограда, па опет маслине, а међу њима купола цркве, сасвим бела. Чело му се наборало од размишљања. Све је било добро и исправно – дрвеће је изгледало живо, као и тежина камења од којих је направљена ограда. Међутим, нешто је недостајало. Нешто... Гризао је усне, док их није раскрварио. Слаб женски глас стиже из даљине, пригушен: Зашто се мучиш, зашто се кињиш? А онда стиже његов сопствени глас, упоран, љутит: Не можеш да схватиш. Можда не желиш да схватиш. Стално недостаје светлост у свему што радим. Светлост. Она светлост која се налази и у камену и дубоко у земљи, а не само на површини. Светлост, које има и у ноћи! Девојка је и даље приговарала: Ти само илузије тражиш, само немогуће тражиш... Понекад треба да се схвати за шта је неко створен, шта може да уради. Ниси ни дете ни лудак.

Погледа је са страхом и очајањем. И он је о томе размишљао, али није говорио. Да није она у праву? Да ли ја тражим светлост, или нешто друго ван себе?

Сав огорчен, затвори своју дрвену кутију. Болела су га леђа, а глава му је била тешка, као туч, али инат у њему је стално живео. Да ли је то инат? запитао се. Постојала је у њему нека сигурност, која му је одговорила: Није, није. Онда се опет загонетно запитао: Да ли је илузија да тражиш светлост? Или је лудост? И опет му је његова сигурност, нешто чврсто и неразориво као древно утврђење, одговорила: Није, није!

– Зашто ми не кажеш шта то радиш? жалио се Филип.

Сликар је расејано посматрао своју маслину. Један трн је растао мало даље, велики, усправни трн. Линија трна је била чудо од савршенства, и с оним златним листовима, свуд наоколо, исказивао је своју гордост. Гледајући га, сликар је осећао да се помало опушта од онога што га је притискало, све време. Узео је блок и оловку и почео да црта брзим лаким покретима.

– Дакле, Филипе, ево новости, цртам трн, рече. Пази добро да ми га, силазећи, не поломиш.

Ах, што је смешан! Чуј, трн! Цело тело му се треcло од смеха. Подигао је и руке и ноге на маслину, склупчао се као лопта и скотрљао се доле. Почео је да прави колутове и раздрагано виче:

– Чујеш народе, чујеш! Црта трн!

У том тренутку путем је пролазила госпођа Марина. Видела је како скаче и виче, па га упита:

– Шта ти је, Филипе? Је си ли полудео, несрећниче?

Питала га је, али као да га је уједно грдила. То је била сићушна, средовечна женица. Лице јој је било препланило од сунца, а коса седа. И сигурно би се рекло да је стара да јој се нису искриле очи тако сјајне и тако живе и тако црне.

Филип јој је пришао и зевајући објаснио:

– Чујеш, чујеш, црта трње!

Госпођа Марина се насмејала:

– Да седиш мирно, да тебе нацрта, глупердо. Како тебе не држи место, добро ради што црта трње!

Филип је остао ту и гледао је како пролази лаким ходом. Затим је спустио главу, као да га мори велика брига. Једном руком је чешкао врат, а другом је два- три пута замахнуо, као да је хтео да удари нешто невидљиво што га је мучило. Онда се, наједном, тргао, и свом снагом потрчао за госпођом Марином.

– Еј... еј! викну јој.

Она је застала и погледала га зачуђено:

– Шта је опет?

Када јој је пришао, она брига је нестала са његовог лица. Врло озбиљно и са пуним поверењем, показујући на сликара, рече:

– Он је сотона!

Госпа Марина се осмехнула и продужила својим путем. Али он је био упоран, говорећи јој оним тихим, поверљивим тоном:

– Час у тебе гледа, час гледа у папир, онда нешто ради рукама и направи тебе истог. То је ђавоља работа. Зар није? Ја се бојим!

Госпођа Марина га упита сасвим једноставно, не окрећући се да га погледа:

– Зашто да се бојиш?

Филип је поново оборио главу. Стварно, зашто да се боји? Дошло му је да се смеје и да се преврће.

– Куда идеш? упита је весело.

А она му одговори једноставно, тихо, као да поред ње није Филип, острвски лудак, коме су се сви на острву смејали. Није јој чак на памет падало да му каже: Шта те се тиче или, пак, да се наљути и да га отера. Тако се понашала, зато што је госпођа Марина још као веома мала остала сироче и као да је сада гледала свог оца, који је био одузет услед њихове несреће и срце јој је сазрело пре времена. И цео терет те куће сирочића натоварила је на своја плећа.

Сама је подигла своје седморо браће. Имала је само једанаест година када им је постала „мајка“, и знала је да буде и добра и лоша, да грди и да милује, да утеши и да уштеди за кућу, и да не прича у празно. Све је то она знала. И као да све то није било довољно да на земљи плати своје грехе, него се онда удала и родила осморо деце, које је са муком подигла, троје сахранила, а остало јој петоро и најмлађи Вангелаки, који се, има већ две године, мучи и бори са страшним приштом на образу. Лице јој се зато изборало од брига, коса побелела, а срце јој је одавно препукло и зато она није могла да буде строга ни према коме. Болећиво је гледала грубо Филипово тело који је био сам самцијат на овоме свету, већ доста остарео, али са дечјим мозгом, о коме нико не води рачуна, и кога су сви грдили и кињили, и људи и демони, и премного светлости и ноћна тама. Плакало јој се због свега тога, али њене очи више нису имале суза. Може само тужно да га погледа и једноставно одговори:

– Идем у Фиројy, Филипе. Идем код попа Стаматија. Биће служба за моје дете прекосутра, дала сам завет.

– Поћи ћу и ја с тобом, каже Филип. Питаћу попа Стаматија да ли је онај сотона.

Тачно четрдесет пет година је у манастиру Фироја поп Стамати. Године су се нанизале као на бројаници, а перле су се скотрљале на длан Божји. Пуних четрдесет пет година, које су личиле једна на другу и веома споро пролазиле. Био је млад кад је дошао и манастир је био пун живота – а бука света била му је нежељена и мучна. Сад је он старац, а Фироја је оронула. Остао је последњи и једини. Седи на клупици испред своје ћелије и гледа далеко, изнад врхова чемпреса. Усне му казују тихо речи из „Светих књига“, као што је некада говорио стихове о љубави и о људској страсти. Далеко је то све сада, угашено, рекло би се да тога никада није било, никада није ни постојало. И како је диван управо овај тренутак, кад залази сунце нагонећи птице у небо.

Госпођа Марина му је пришла, али он то није осетио. Стала је крај њега и посматрала га, изненађена видевши радост како се разлива по његовом остарелом лицу.

– Попе Стамати, рече му тихо, али је он поново није чуо.

Осмехивао се небу и нешто шапутао. Схватили сте небеске петлове? Да ли је то лако свакоме? Седе и она на клупицу преко пута и махну Филипу:

– Пст, полако. Прича с анђелима!

Филип је то схватио, без речи. Склупчао се у једном углу и са дивљењем гледао старца. Стварно, како он то може, а да не полуди док разговара с анђелима? Сав се најежио од онога што је помислио. Почео је да се боји, јер је осећао њихова бела свилена крила, која су се ширила свуда наоколо и парала ваздух. Јежио се, јер је осећао њихова крила како их готово додирују и милују. Знао је да не би издржао да је могао да их види својим очима. Гурне лактом госпа Марину у паници, али му она поново покаже прстом да ћути. Онда је и Филип затворио очи да не би гледао, да се тако заштити и чека.

Чека и госпа Марина и размишља. У суботу почиње њен завет. Узеће у наручје Вангелакија и попеће се пешке на Светог Илију. Пут који води до врха је веома тежак. Ићи ће боса, иако је тај пут од оштрог камења, а ноге ће јој се, зна она то, раскрварити. Ниједног тренутка се не пита: Зашто? Тако треба да оздрави њено дете. Оловни венац је бол света и свима је пао на рамена. Натовариће на себе тај претешки терет да олакша детету. Ту ноћ ће провести у молитви, а ујутру ће поп Стамати да одржи службу, јер је он светац и одвојио се од овог искареног света. После тога ће, једном месечно, сама да се пење и да пали кандила. Десет година. А ако хоће Светац, учиниће чудо да њено дете оздрави. Престаће да цури гној из ране, а Вангелаки ће почети да трчи и да јури као друга деца. И његове очи више неће бити тужне, неће гледати свуд наоколо као да моле: Волите ме! Груди јој се од јада надимају, па испусти дуг и уморан уздах: „Ооох"! Поп Стамати се окрене изненађено:

– Па, ти си овде, благословена, и не говориш. И Филип је овде? Добро дошли, добро дошли.

Већ је била ноћ када је Филип стигао у сликареву кућу. Нашао га је на капији како пуши и гледа звезде. Стаде поред њега и радосно му саопшти новост:

– Ниси сотона!

– Ко ти је то рекао да нисам сотона? смејао се он.

– Поп Стамати. И рекао ми је да те се не бојим и да ме нацрташ на папиру. А у суботу ћу да се попнем са Марином и Вангелакијем на Светог Илију и одржаћемо службу са попом Стаматијем, а ако хоћеш, дођи и ти. Тако је рекао. Чујеш ли? Ако хоћеш да идеш, повешћемо те са собом!

Све му је ово рекао у једном даху, сав задихан, као да га неко јури, а када је завршио наставио је да се смеје. Међутим, његове очи су увек биле тужне и молећиве. Насмејао се и сликар.

– Добро онда, нацртаћу те.

– Сада хоћу, рече Филип.

– Филипе, сада је ноћ и не видим ништа.

– Видиш уз лампу, наваљивао је, показујући на газдарицу, која је чистила стакло од лампе.

– Добро, де! Да ти испуним жељу. Уђимо.

Добра срца, поведе га у собу. Поставио је Филипа да седне близу светла, узео је папир и оловку, сео преко пута њега и гледао га јако пажљиво.

— Нацртаће те напокон, Филипе, рече газдарица из кухиње.

Потом је дошла и стала на врата од собе, завртела главом:

— Куд се моташ цело поподне кад те ја тражим да ми донесеш воде, изгрди га.

— Био сам у Фироји, код старца, правда се Филип, забринуто.

Гледа је озбиљно, као да одмерава да ли је заслужила да чује остало, али, не издржа дуго:

— Причао је с анђелима старац, чујеш?

— Не покрећи се, прекорио га је сликар.

Отпочела је његова узбудљива алхемија. Бацио би један поглед на њега, па на папир, а онда се оловка убрзано померала и папир се пунио.

Нешто се наврзло на Филипа, не би ли га сломило. Док седи тако непокретно и ћутећи, осећа да могу лакше да га савладају демони, који га прогоне. Дошло му је да полети увис, да све поломи, да урликне, и затим да одјури и да се сакрије у грмљу. То га је, зачудо, само на кратко држало. Можда зато што га је једна мајка данас умирила? Зашто да се боји, рекла му је. А онда му је то и старац рекао: да се не боји! Прошло је неколико тренутака. Газдарица стоји изнад сликара и диви се:

— Ц... ц, исти, пљунути!.

— Готов си! рече му сликар и даде му папир.

Он гледа... Гледа збуњено у почетку, радосно, затим јако радосно и излеће напоље незадрживо. Калдрма је брујала од његовог гласа:

— Изађи народе... И други Филип је овде!

— Сасвим је полудео, каже газдарица.

Никог другог није било ту да стави примедбу, осим сликара, њеног станара, који је сео на клупицу и пушио, и ни речи није проговарао. Он и иначе није много причао; слуша као да му је мозак негде другде.

– Несрећник, полудео је када је као дете видео Светог Илију. Видео га ја са његовим оружјем и са четири дивља коња, а светлост је била тако јака да се несрећник одузео. Како да издржи толико светлости?

Чује је и не одговара. Гледа у висину. Колико је звезда... Да ли их и она у овом часу гледа у Атини? Ево, једна је пала. Илузије тражиш... Не, не! Светлост није илузија!

– Како је јадник могао да поднесе толику светлост? Промисли. Светог Илију, пророка! Сва се најежим, када помислим на то. И ја бих се одузела, и свако други!

Клима главом, а мисли су му далеко. Не, не, није илузија, само заслепљује и паралише. Светлост...

– Питам се, како ће старац да се попне оним путем све до врха, наставља газдарица. Знаш ли ти какав је то успон? А он је већ остарио. Где су оне године када се пењао, као птица. А какво је господско дете он био, из велике породице у Атини, и језике знао и богатства имао и све је то оставио! И кажу... Слушаш?

– Да, слушам, слушам!

– Кажу да се заљубио! А онда?

– Кажу да је она умрла или га оставила због другог, и зато је постао калуђер. Тако кажу. Али ко то зна. Ко зна истину која се налази иза сваке ствари, и зашто чинимо ово и зашто чинимо оно друго. Дешавају ли се иначе такве ствари у наше доба? Сад је готово, свет је пропао!

Госпођа Марина је стоички издржала узбрдицу, онако босонога и са дететом у наручју. Ноге су јој биле израњављене, руке исечене, али њеном срцу је лакнуло. Упалила је кандило, окадила тамјаном, а онда је прострла једно ћебе испред иконе и ту положила Вангелакија. Открила му је рану, и кад је старац завршио вечерње, узме благословено уље из кандила и благо га намаже. Рану је држала тако отворену, пред очима Свеца, да је добро погледа, па да се сажали на дете. Дете је ћутке пратило шта она ради. И једино му је у очима била недоумица и умор: зашто све то радите?

Поп Стамати је завршио молитву и замотао свој епитрахиљ.

– Нека ти је Бог у помоћи! рече детету и даде му ушећерени бадем.

Али оно чак ни руку не пружи да га узме.

– Накупио се страха од лекара у Атини, објаснила је мати.

Поп Стамати је завртео главом:

– Атина... Каква ли је сада Атина? рече тихо.

Иза њега је био Филип; чуо га је и једва се насмејао.

– Атина, рекао је, као да је причао сам са собом, пустош! То је Атина!

Млади сликар је посматрао стубове који су држали храм. Миловао их је руком и погледом, скоро еротски. Осећао је узбуђење од лепоте која га је дочекала на томе врху. Црквица је била изграђена у византијском стилу, класичном византијском, а линија јој је имала елеганцију, племенитост, љупкост и поноситост. Стубови, међутим, који су подупирали куполу, били су с античког храма, а и Света трпеза је била од античког капитела.

– Атина је права пустош, него шта си мислио? поновио је Филип његове речи.

Окренуо се и насмејао.

– Јеси ли био у Атини, Филипе?

Наравно да је био; онда када су га позвали у војску. Пуно људи, бука, сви се гурају – као да је изгубљен на чудном месту. Одлазио је у кафану с острвљанима да не заборави свој језик. Догодине, говорио је, вратићу се на острво. Припремајте писма да их однесем вашима! Смејали су се досељени острвљани. Знаш ли кад је догодине, Филипе? питали су га. Догодине, па то је још једна зима и лето и јесен. То је догодине! А пролеће, Филипе, где ли си заборавио пролеће? Тога се сећа и говори сада и смеје се: Чуј, да заборавим пролеће, каже. Затим се уозбиљи и подозриво гледа наоколо. Гледа мермерне стубове. Показује сликару Свеца, бојажљиво: Он их је сам овамо горе пренео, да му се направи црква. А у овим ћуповима је доносио воду... Хајде, да видиш изблиза, да се чудом чудиш!

То су била три древна камена ћупа, прастара, из оног доба кад је на томе врху био Аполонов храм. Младић се нагло окрете и погледа у попа Стаматија, стрпљиво чекајући одговор на тајанствено питање.

– Да... да, рече старац, а очи су му биле мирне и драге. Када су гонили вернике Агарјани и кад су бунари пресушили, и кад су трпеле жене и деца, тада сиђе Светац и сваке је ноћи вукао ћупове и доносио воде верницима.

– Тако кажу – јако лепа легенда, рече изненада сасвим без оправдања.

– Није легенда, сине мој, видели су га верници! Одговара поп Стамати, неприродно, мирно.

Видели су га верници! Филип се најежи и поново уплаши. Видели су га с његовим оружјем и коњима који су бацали пламен из ноздрва? Па, и он га је видео.

– Изађимо! Каже он тихо, молећиво.

Напољу је био сумрак, ружичасти сумрак и јаребице су ниско летеле. Изгледало је као да се море и сва острва купају у овој ружичастој светлости. Наравно да се спуштала ноћ. Али је ипак цео тај дан који је прошао све толико дубоко натопио, да се сада у часу вечерње звезде светлост још увек сливала одасвуд, са земље и са таласа и из срца стене и из корена дрвета. Почео је да дува слаб ветар, а дугачка попова брада се њихала, као свила. Филип се попео на црквени звоник и почео радосно да звони, не заустављајући се. То је био јако мио звук кога је носио ветар и претварао га у светлост. Поп Стамати у екстази прошапута: Радосна светлост, радосна светлост... Слава света... Сликар га је гледао узнемирено, потресен до дна душе. Нешто као завист појавило му се из тога спокоја и чедности.

Радосна светлост! Поново светлост, стално светлост и њена тиранија. Један повијен поносан трн, једна до пола завршена слика с маслинама и чемпресима, који су сви били савршени, али им је нешто недостајало. И глас девојке: „Дотле си створен, дотле можеш. Немој да тражиш немогуће...“ Па његова газдарица: „Како да издржи сиромах толику светлост?“ Светлост, стално светлост која излуђује, која недостаје, која успокојава. Настоји да се уздржи, али се гуши, хоће да пукне, да проговори, да отвори срце. Поп Стамати је ћутке слушао. Какво је мучење ова дивна младост мисли, какво очаравајуће мучење. Али не, дете моје, није илузија светлост. Ојачај своју веру, младићу. Да је заробиш, желиш, својим сликама. Погледај ове иконе и куполу. Заробили су је древни уметници док су сањали светлост, понизношћу и вером. Није илузија светлост. Што се бојиш? Ојачај своју веру, не жури. Треба да се њом напојиш дубоко у себи...

Филип сиђе са звоника и седе поред њих. Био је толико радостан да је сам са собом говорио:

– Баш је добро, баш је добро!

– Филипе, је ли и овде пустош, а?

– Није! А сада имам и другог Филипа, увек ћу имати своје друштво, само моје! Него шта!

И устаде насмејано и пристојно, извади из џепа цртеж који му је сликар направио, пажљиво га одмота, намести га тако отвореног крај себе и поче да му сам говори са љубављу, са нежношћу као да говори детету. Показује му села и манастире који су се видели са висине.

– Ево, гледај Филипе! Утврђење и Катевати. И Богородица од Извора.

Слушао га је и мислио: Тако сам њој показивао некад звезде. Оно је Сиријус, оно је Касиопа, оно је Северњача. Право има луди Филип, овде није пустош, да је и она ту, поред мене, и да јој наслоним главу на колена, не бих толико јако осећао да ме море одваја од осталог света. Био је спреман да упита попа Стаматија како је издржао толике године одвојености и окова мора свуд наоколо.

– Ево, Филипе, гледај Ксамбелу, гледај Монгу и црквицу Бару.

– Монгу и Бару, необична имена, е, рече старац и заустави га. Имају тако дивну историју. Испричаћу ти је, да је се сећаш кад одеш одавде.

Прича је била дивна, а уједно је могла бити и одговор на питање које није стигао да постави, и на силу других питања. Слушао је, као што се слуша бајка и није више био расположен да поставља питања.

Некада давно удавала се једна господарица и у мираз добила цело острво. То је била господарица Франгиса, а њен муж је био барон. Али он њој није био веран. За годину дана је отишао. Ратови и љубави су га одвукли далеко. Сазна господарица за његове теревенке, за његова задовољства, његове витешке турнире и пресушише јој очи од тајног плача. Није било другог начина да сакрије своју рану осети божанско просветљење, претвори своју господску кућу у манастир, закалуђери се, одрекне се уз то и своје вере, да нема ништа заједничко с тим неверником. Пролазиле су године; некад брзо, некад споро, онако како пролазе године, док једнога јутра острвом забруја вест. Вратио се барон! Клекнуо је пред њу понизно и говорио јој о њиховој љубави коју је сачувао све ове године и о горчини којом су га испунила искушења. Преклињао је да дође код њега и да га не напусти. Она га је слушала без речи, као што треба да слуша господарица са раном у срцу. Нема, непопустљива. Онда се он наљутио, јер је био господар и поносан ратник и у бесу повиче на њу: Зашто ме ниси чекала? Зашто си променила вером, зашто? Она, кажу, није одговорила с правом: А зашто си ти отишао, зашто си био неверан нашој љубави? Не. Поносно је дигла главу, погледала га пажљиво и рекла му: *J' ai fait mon goût!*

Кажу да се закалуђерио и он, да је променио веру и постао православни, кажу да је тамо саградио црквицу, да се ту осамио и кажу да свако вече пали ватру на крову код звоника, и да свако вече, до касно, гледа своју госпу, преко пута. И због те њене реченице „То сам урадила из свог ћефа" узе неко да зна како је то име манастира и зову га Монгу, а другу црквицу, баронову, уздигнутог звоника, још и сада називају Бару.

У зору је сликар устао, изашао напоље и чекао да угледа сунце. Није имао ни оловку ни папир у рукама, али му је срце било смирено. Није видео море, јер је неко иње завило врх и сакрило све. Посматрао је с осмехом део неба, који се заруменео и смишљао речи које ће написати оној која је остала у бучној Атини:

Вољена моја, налазим се на једном грчком острву. Странци не долазе овамо још и све изгледа као што је било у доба Пападијамандија. Не размишљам колико ће још тако остати, зато што овде време не значи ништа; трнови имају лепоту која не наноси бол, и све је светлост. Ето, и Филип се одузео од прејаке светлости. Налазим се на Пророку Илији, и очекујем да га једном видим с оружјем и коњима, који сипају пламен из ноздрва, зато што ја не могу да останем само тамо докле стигнем. Вољена моја, Вангелаки је болестан и мучи се. Његова мајка се успела до врха босонога, искрвариле јој ноге, и провела је ноћ будна у молитви. Бол људи је тежак венац, каже, и кад Филип не би био миран, и кад би имао неког да трпи бол уместо њега, издржао би светлост. Разумеш шта хоћу тачно да кажем? Немој да одговориш као она давна господарица: Радим по свом ћефу. Немој тако да ми одговориш, јер је то смрт. Неко овде оде из времена, а да то не схвати, као што је отишао поп Стамати, па га је са свих страна море затворило као венцем. Немој тако да ми одговориш, молим те, само дођи код мене, да ми помогнеш да постанем понизан, као што су то били стари уметници, да се напојим светлошћу, као корен дрвета и као срце камена.

НИКО АТАНАСИЈАДИ

МОРСКА КЋИ ТОМЕ ЛОВЦА НА ОКТОПОДЕ[1]

Тома, ловац на октоподе, стално је посматрао шта се дешава на мору, док је ударао великог октопода којег је уловио ово поподне. Море је било узбуркано, а таласи су се разбијали о стене, враћајући се у пенушаву воду.

Извукао је рибарску барку, да је не преврне снажни водени налет и баци на спруд малога залива. Проклињао је време које га је много ометало у послу док је дувао северац, а судећи по узнемиреном ударању крила галебова који су се окупљали у заливу и ниско летели, рачунао је да ће бити још горе, и да ће се ветар још појачати.

Није Тома ловац на октоподе имао ништа лоше на уму, јер је био навикао на необична Анђелина лудовања; Анђела је била везана за море од свог рођења – права кћи мора. Када су њену покојну мајку стигли болови на пучини док су дизали мреже, није успела ни да се искрца, иако је барка већ скоро била на обали, и пре него што је изашла на суво, срушила се у воду од напрезања и пустила своје новорођенче у море. У том тренутку стигао је и њен муж Тома, извукао дете из воде и с великом муком га повратио у живот. Прошло је много година од тада: шеснаест. Да, пуних шеснаест година је сада имала

---

[1] Инспирисано мојим романом *Гола девојка*.

Анђела. Тако је било суђено; да девојчица буде везана за море. Ни она више није излазила из воде. Почистила би рибарску колибу у којој су живели, скувала би нешто на брзину на огњишту и онда би нестајала. Носила је на себи само кратку кошуљу до колена. Испод ње истицало се њено затегнуто, бронзано тело, увек живахно... Сакрила би се у неку шупљину стене, тамо на пустим плажама Гликонерија, гурнула кошуљу у какву скривену пукотину, а онда би гола ускакала у воду.

Звали су је морска кћи Томе ловца на октоподе. Када би неки рибар приметио њену коврџаву црну косу у морским таласима, не би смео да погледа према тим удаљеним дивљим плажама, држао би своју барку подаље и крстио се. Називали су је уклетом. Људи су говорили да је зачарана, јер се спуштала на дубину од чак десет оргија,[1] где се сретала с великим окамењеним дрветом које је лежало на дну, близу Кавалурија према југу, а више од једне миље од Мегалонисија на Фару; то дрво је била стена која се тресла целом висином за време олује на отвореном мору.

Приче су се причале о том окамењеном дрвету, да се оно откотрљало са средине острва, са делова Ереса још у старо, митско доба када су земљу потресали земљотреси, када су је браздале снажне реке, а планине се издизале из те меке смесе, све док се то место није стврдло и постало онакво какво је данас. И остаде душа овог окамењеног дрвета везана за то његово старо место, као што и данас још увек постоје она мермерна стабла прастаре браће из шума, мермерна и непомична, која чекају да им се оконча судбина у наредних милион година и да се закују што дубље у неуништиву легенду окамењене шуме.

---

[1] Оргија – мера за дубину: два јарда, 1,83 метра. – *Прим. ред.*

Померало би се понекад то огромно дрво из дубине не би ли протегло своје окамењене делове, дизало би буру и враћало морске таласе као планине; тада би оно постајало страх и трепет за морнаре. Галебови би се одмах разбежали и одлетели далеко, престрављени од потреса морског џина.

Само се Анђела није плашила. Ноћу би она сама тумарала по мору, и нико од рибара није смео чак ни њено име да изговори, зато што би и сама помисао на њу будила у њима страх од ове уклете девојчице која би могла да се спусти до тог, такође уклетог дрвета, и удружи се са њим.

Када се бес олује ублажи и када мир спусти свој длан на море и укроти га, Анђела одмах излази, и када се из вида изгуби црни белег њене главе, тада би рибари ћутке сакупљали и чврсто везивали крила своје маште не би ли престали на њима да лете до краја мора – где се говорило о догађајима, које ни најлуђи мозак није био у стању да схвати, нити да преприча.

Свашта пролази Томи ловцу на октоподе кроз главу док удара октопода о неку оштру стену. Од ове буре ништа се није могло видети. Магла је спустила своју надуту трбушину све до подивљалих таласа. А Анђеле и даље није било, лутала је још од раног јутра. Упути се Тома до оног места, где је она умела да остави своју кошуљу. Пронашао ју је, затурену у једну пукотину. Наставио је да удара оног октопода. У једном тренутку срце му се стегло, а мисли скаменише; јако је гњечио труп октопода, док се у њему покрећу речи:

– Мани се те немани! Проклета да је!

Мислио је о једном великом делфину који је био страх и трепет за парангале. То је био велики, усамљени делфин, једини у целом заливу, од Кавалура до рта Корака. Влада је плаћала сто драхми за сваког убијеног делфина. И рибари су динамитом, харпуном или пушком убијали делфине у великом броју и стотинарке су се сливале у сиромашно рибарско село. На овог делфина се ипак нису усуђивали. Знали су. Ниједан није био велики као он. Моћна морска животиња. Када би померао своје тело, направио би прави бунар у мору, па би му сунце обасјавало површину коже. Ко би њега могао да убије? Постојала је прича да се он гнездио код окамењеног дрвета. У дубини. Да су они били повезани... Доносио му је вести из оног другог света: када се будило пролеће и када је дрвеће цветало, препуно птица које су заљубљено цвркутале; када је била летња жега и када су плодови сазревали; када је долазила јесен и када је лишће почињало да опада; када се зими хватао мраз за оголеле гране дрвећа. А душа окамењеног дрвета је слушала делфинове речи и туговала – јер његове скамењене гране нису бујале, нити су на њима птице заљубљено цвркутале; његове крошње нису ни сазревале, нити су се сушиле; чак се ни зими мраз није хватао на његове оголеле гране. Само вода, бескрајна вода, вода тешка и мрачна, свуда је наоколо исплела његову непромењену судбину, а у његовим окамењеним гранама гаји густо испреплетену морску траву, заједно са каменцем и шкољкама, а уместо птица, међу њима немо се окупљају рачићи и креће се тихи свет тамне морске ноћи.

Дакле, делфин је био весник, он је доносио новости у морске дубине из „света сунца“. И он је био сам самцијат; целог живота је пловио морем, стално нешто тражећи, као кад усамљена душа тражи свој пар... али, докле тако?...

Колико год била истинита, може понекад прича да ућути, уколико јој људски ум не поверује. Па, ако каткад и заћути, тада нека ум сам отпутује донде где му прича није показала шта зна, а он што год да види тамо, нека задржи у себи, да га прича не би осу ђивала како га је завела неухватљива снага маште... И тако ум, одсечен од приче, види, и ћути и сам, и верује... Овај делфин је живи створ као и сва друга бића која је Божја рука створила и оживела. Дубоко у себи имао је душу и могао је да осећа и себе и друге, да очекује, и да чезне. Цео његов живот било је пливање. Његова глава се квасила бесконачном водом, а срце му је лупало, заједно са таласима, са којима се играо, борио, на које је скакао; са којима се тукао и цепао их да би, на крају, поново били у љубави. А материја, која је пловила у њему, целог живота је била смеша морске пене, соли и загрљаја.

Делфин је знао да му је корен напола заборављен у копненом свету. Знао је да се разликује од риба које имају крљушт. Његова мати га је дојила. Виђао је своје сестре делфине у порођајним боловима како рађају и дају дојке пуне млека својим младима. Њега је за копнени свет везивао ваздух који је удисао широким ноздрвама и пуним плућима. И када би полако пливао ка обали, у ноздрвама би му се ширио мирис тамјана и оригана, па би се бацао високо да види, чује и ужива у свету који му није био суђен. А овај други свет је био потпуна супротност. Зашто је толико био пуст подводни свет – где су били гласови и звукови? Стално је искакао из воде док би пролазио дуж обале, не би ли каткад ухватио безбрижну песму понеког путника или у врелим ноћима чуо звук фруле који се мешао с необичним одјеком, који је излазио из звоњаве неког стада. А када би био на пучини, ништа друго није радио до упијао звук и гласове бродова који су пролазили, или барки које су мирно пловиле на месечини. И само је слушао... Желео је да побегне из воде, и да сазна нешто више о тим гласовима који су трајали само тренутак, тачно онолико, колико је трајао један његов скок изнад воде, тек толико да може да га дограби у скоку. Хтео је да упозна све оно за чим је чезнуо, да заволи сва она створења која су му била непозната, али која су му очарала ум и заробила душу. Тако се он усамио, одвојио од осталих делфина и, заокупљен сновима, носио своју самоћу, а уједно трагао за својом чежњом. Ништа више није хтео да зна о хладним, немим и мрачним дубинама. Сада је желео да сретне звукове, желео је да осети топлоту, желео је светлост. Побеђује море, високо скаче, игра се и у ваздуху растеже своје моћно тело, а онда поново пада у воду, желећи да је пробије, да је рашчисти изнад себе, да се тако ослободи и да се измеша са својим сновима. Са сновима, којима се годинама заносио. И дуго је путовао, пролазио је океане и мора, олује, канале и заливе, борио се и тукао; никада није уступкнуо ни пред једном звери, која би га напала; цепао је мреже у које су га хватали; и тако све док није стигао у воде које је његово око први пут видело. До миле његове обале, до недара, која би га одвела до најплићих делова и која би му душу смирила. Онда би удисао оне најчудноватије мирисе које је још као мали упознао. И ту би се угнездио, јер би му се крв, за право чудо, успокојила и примирила. Једнога јутра, док је свитала ведрина, а он тумарао по воденој површини, изненада се у његове ноздрве ушуња најјачи и најнеобичнији мирис. Лагано је пратио траг овог мириса да га не изгуби, и насред мора појави се необична силуета и склизну у воду. Тело обасјано сунчевом светлошћу, са чудним деловима који нису личили на пераја; и која су се лагано кретала, у ритму, опружала се и скупљала. Свуда око себе је ширило топлину која је голицала његов трбух и испуњавала му срце жељама. Његова морска душа се присети. Наједном га обузе нека радост, искочи високо и зарони до најдубље тачке; потом се опет отресе, направи круг и нечујно прође поред овог чудноватог створења. Помилује га својим перајима, од тог додира му телом прође нека топлина и осети своју морску мужевност. А то створење испружи своје топле делове тела и нежно попрска делфина. Онда су се заједно играли и пливали. Делфин је схватио да то створење има глас, да га зове, и да му нешто прича, па му онда радосно наређује. У његовом сећању почеше да се открављују генерације и генерације делфина, из оног далеког заборављеног света, из лозе његових далеких предака, када су се рађале њихове прве врсте и када су заузимале своје доживотно место на земљи. Сада је и он испуштао тихе звиждуке и проналазио у себи старе звукове, па је весело одговарао на позиве. И тако су њих двоје заједно лутали, он и ово чудновато створење. У њиховим срцима се укоренила бескрајна љубав, дубља и од највећих дубина океана. Делфину никада није било доста да клизи својим телом преко вољеног, чудноватог створења, да ужива у његовим чарима, да га милује својим перајима, да га нежно љуби њушком... да љуби два обла, хрскавичава корала, која су расла на необичним и слатким зглобовима. Ово створење је било онај чувени сусрет са сновима. Коначно се везао за биће слично себи. Цело његово тело је било испуњено љубављу, привлачио је перајима своје створење за које није веровао да ће доћи и био је ван себе од среће. Опијао се у својим уживањима, и ширио морем милину и задовољство. Цело море је треперило и јежило се, све до најудаљенијих гнезда галебова на стенама и све до бесрајних морских ливада, пуних рибе. Њих двоје су се измешали и постали су једно.

Касније би ово необично створење одлазило ка обали, а делфин га је пратио до плитких вода. Ту би се загрлили и поново играли.

Целе ноћи је Анђела, морска кћи Томе ловца на октоподе, сањала о дуго очекиваном сусрету у мору. И управо тада започиње ова њена прича са делфином. Рибари су поново скупљали и добро везивали своја крила маште, јер нису могли да поверују да је било истинито све оно што је испричао глас, ношен морским дубинама и ветровима.

А стари Тома ловац на октоподе, док је на некој стени ударао октопода уловљеног то поподне и гледао у разбеснело море и олују која се спремала, промрмља нешто у себи:

– Мани ту неман! Проклета да је...!

И помисли тада на оног делфина који му је залудео и одвукао у море кћер.

Све ово се догодило око Сидусе, мало изнад Сигрија на Псаролиманију на острву Лезбу, на крајњој западној тачки.

ПИСМО

А постоје увек жене које ће се побринути шта да превагне између живота и смрти, наде и очаја. Цели Галаксиди се дичио капетаном Примом, док се спуштао уличицом ка општини, машући писмом свога сина као заставицом. Њишући погнуто тело, од морске обале до своје куће. Ту је, у салону, пуном успомена са мора, читао Димитријево писмо, шетајући горе-доле и с времена на време бацајући поглед са прозора на море, чије је плаветнило светлуцало дуж увала. И опет га је читао, све док га није научио напамет.

– Овамо сви! Позва потом своје укућане да чују шта пише Димитрије.

Прошло је десет година од оног јутра када је, у овом истом салону, позвао сина на разговор. Чиста недеља. Време одласка. Сирене многих бродова већ су се огласиле... Сутра ће и његов једрењак подићи своја три једра ка Лисабону.

– Оче, заповедај... Заповедај, оче...

Узбуђен и збуњен, Димитрије је слушао како ће одсада он бити капетан и господар на броду. Може ли да се каже како то није очекивао? Већ је превалио четрдесет и неку, али се никада до сада, као неки други, није отимао око капетанске части. Желео је да његов отац остане што дуже, желео је да буде и господар брода, капетан и његова подршка. Када је море кључало и бацало њихов једрењак свом силином и помахниталим бесом, и онда кад се чинило да је свему крај и када би погледали смрти у очи, Димитрије је осећао сигурност, знајући да је старац поред њега. Био му је потребан и као учитељ, али је ипак чезнуо за тренутком када ће преузети узде брода. Никад му ипак ни на памет није пало да би требало да се растане од свог родитеља. А сада, када је дошао и тај час, нешто је у њему задрхтало; сетио се шта је отац јуче говорио док су са прамца брода посматрали како радник секиром сече ребра брода оштећена на мору да њима у камину наложе ватру.

– Ето, тако ћу и ја да се повучем, рече му показујући брод, а потом скрену поглед према Вистритри где је било гробље са црквицом свих светаца.

Очи му се замагле: тим мутним погледом гледао је сада свог снажног оца на средини салона, у елегантном франачком оделу, са дугим жакетом на један ред. Похитао му је у загрљај.

– Од сада, оче... рече жалећи се... нису те године савладале, нису...

Старац га изненађено погледа испод снежних обрва. Шта? Зар Димитрије није приметио да његово старачко око више не види добро кроз маглу и ноћу не назире звезде, да је главни човек на броду посустао. И свакако је Димитрије спасао брод са товаром и људима онда када их је затекло велико невреме на отвореном мору код Напуља, када су се спуштених једара борили са морским аветима, намерним да потопе брод. Добро је знао капетан Дросо Прим да његов син већ одавно влада ситуацијом, и знао је да га Димитрије пажљиво прати и да гута сваки његов потез, али као да не верује да му отац стари. Ипак свидело се старцу оно „Од сада...“ Срце му је затреперило, разнежио се. Задрхтала му је до-

163

ња усна, али када је видео да Димитрије хоће још нешто да му каже, он га предухитри и поче да му говори:

– Да ми пишеш из сваке луке о броду, времену, роби и трошковима пута, посади, мору, о свему што будеш сретао на путовању. До ситница. Када си стигао. Када дижеш једра. Куда си отишао. Куд си усмерио прамац... И окрену поглед. Ето, тако ћу и ја бити с тобом.

Дан је свануо чист и ведар, са благим ветром на мору. Димитрије је чекао да се дигне сидро, па да изда наредбу. Звекет ланца стегну му срце и сваки час је погледао према балкону родитељске куће. Отац није отишао с децом и женама у Центар града, већ је сам остао на балкону и чекао да га види како диже сидро. Гледао га је како стоји наслоњен длановима на ограду балкона, онако како га је до јуче гледао ослоњеног на ограду бродске палубе.

– Доње једро... Трапезасто... Штитна једра... троугласта, преносила се наредба од једног до другог.

Брод зашкрипа и усмери прамац између острваца Петало и Свети Ђорђе. Опловивши поред Центра града, изгубио је одмах из вида и оца и родитељску кућу. Само су га жене и деца пратили са обале, враћајући се полако својим кућама... Већ је пала ноћ, а он је још увек стајао на балустради, исто онако као што је некада сатима стајао и разговарао с оцем. Вечерас му се његов једрењак са три јарбола чинио мањим, а раширена једра, којима се дивио када би се лако надимала и додиривала небо, вечерас му се учинише тешка, висећи свуд око њега, море му је изгледало тамно, иако је месец одскочио високо. Касније, када је почео да га на кратко обузима сан, угледа свог оца како се нагиње ка њему, као када га је први пут, још голобрадог подигао на брод. Само је сада отац био сед и беле браде, а у његовим плавим очима било је замагљено бескрајно море.

– Хајде, сине, у здравље, заставши: мене, видиш, чека обала и не да ми да тренем.

– Ух, освести се Димитрије у сну. Како је отац тако одједном остарио? Где су му они црни бркови, коврџава брада која је падала на снажне груди, и моћна плећа која су држала дивовско тело? Где је онај громки глас и гласни смех од кога је сав терет на броду поскакивао?

„Од сада ћеш, Димитрије, ти бити капетан и глава брода... Ја дижем сидро и одлазим у црквицу Свих светаца“.

Уочи Ђурђевдана стигло је писмо из Марсеја. „За Капетана Дроса Прима. Галаксиди.“ Можда ти то изгледа претенциозно, али ништа друго није било потребно на писму у оно доба, јер је место било чувено и све су поште знале где се налази Галаксиди.

„Многовољени оче, клањам ти се...“ Погодан ветар их је допратио до Коринта. Потом су се спустили до Јонског мора са кишом и буром, а у Белом мору[1] ни дашка ветра. Крстарење око Малте. У Бизерти, афрички широко им је поломио јарболе и замрсио ужад. Хвала Богу, штете нису биле велике. Долазак у Алжир, потом правац Гибралтар. Сусрет са меритском бестијом. Пристајање у Лисабон, 21. априла, на Врбицу. Осамдесет франака је била лежарина за брод. Преузимање товара у Патри. „Надам се да ће ти се роба свидети. Посада је добро, сви ти шаљу поздраве, осим Тодора кога је стегао ишијас, па смо га сместили у стационар. Са првим ветром полазимо. Поново ћу вам се јавити из Патре“.

---

[1] Бело море – стари назив за Егејско море, у односу на Црно море. – *Прим. ред.*

Те вечери, први пут откада му је син испловио, капетан Дросо се спустио до кафане. Поздравио је окупљене бродовласнике речима: „Стигли смо у Лисабон, на Врбицу. Са првим ветром испловљавамо за Патру..." Седе. Тражио је наргиле, повукао два-три дима и окренувши се ка свима који су ту били почео да препричава пловидбу, до најмање ситнице. Отада, кад год би добио писмо од сина, у сумрак је силазио до кафане и увек поздрављао на исти начин: „Стали смо у Трсту... Дижемо једра за Ђенову... Прамац ка Барселони... Петнаестог смо отишли са Малте", или, жмиркајући својим плавим очима, изгледао је као да рачуна миље и дане по ономе што је било написано. „Данас смо пристали у Ливорно..." Мора, пучине, пространства, све се наједном скупило у његовој души, надимале су му се груди од узбуђења, а очи би светлуцале. И тако наредне две године, уз свако писмо пловио је и капетан Прим, од Дона до Јадрана, од Балтичког до Северног мора, од Јонског мора до Индијског океана, од Атлантика до Егејског мора.

Треће године старац се више није пењао до поште. Ноге га нису држале. Чак ни са заласком сунца више није свраћао до кафане. Затворен у салону куће, раширио би по столу поморске мапе, сагињао се над њима, проучавао их. Човек би помислио да их први пут види. Будући да га је и вид издавао, његов мали унук је био уз њега. Те године је била оштра зима. Бродови су поодавно пристизали. Рачунао је... Рецимо да је Димитрија, ту негде око Коринта, ухватила олуја. Ех, колико пута је и он сам био затворен буром, три, пет, па чак и шест дана. Да ли је опловио Папу? Онда се сигурно домогао Кефалоније. Шта долази после. Да се спустиш до Јонског, па уз Егејско море и да пристанеш у мореузу? На пример, да си се зауставио негде код Цариграда... Па зашто не пишеш оданде? Када ли је запловио? Можда су

га струје спречиле? Али. Колико дуго? Када је пре-
шао канал? А да се попне до Одесе? Хоће ли писати
оданде?

Прошла су већ тридесет два дана откада није до-
био писмо. Одгурне оне енглеске мапе које су има-
ле уписане сваку увалу и луку, са дубинама и израчу-
натим дном, светионике и уцртане путање. Побаца и
планове и сети се старих Меркаторових мапа као и
некадашњег пловног плана свог оца и извуче их из
сандука. Присећао се како је са децом зевао унезве-
рено у карту овог плана, чудесно украшену називи-
ма ветрова, дотерану заставама, тврђавама и беде-
мима око њих, нацифрану мноштвом урминих
палми, слоновима, којекаквим бубицама и цветићи-
ма. Ех, бриге његове... Докле смо сада стигли? Јесмо
ли прошли канал? Или смо ушли у заветрину код
Калипоља? Или смо можда већ затворени у Мра-
морном мору? У Скутарију. Или смо, пак, успели да
изађемо на крај и докопали се Варне? Можда нас је
снег бацио чак до Турске? Треба ли да очекујем да
ћемо се извући до Варне, па Констанце, а затим до
Сулина? Идемо само уз обалу. Где је писмо, Дими-
трије? Где је? Па чак и да смо затворени у том кана-
лу – данас је педесет трећи дан откада се не јављаш
– у маглуштини Црног мора која ти не да ни прамац
брода да назреш? И тамо, са душом у носу, чекаш да
се макар и најмања пукотина појави и да пронађеш
излаз. Шириш контра једро, превариш се, па раши-
риш и друго. Једриш у правцу ветра... Зар није исто
овако прошао и онај брод *Марѓиоѿи* који сваку не-
дању избегне? Видиш, сваки минут је битан. Успеш
или не... Е, да си био онда када смо чекали огроман
налет ветра и када се одједном, усред бела дана, на-
тмурило и смрачило... севну муња... Пропаст света...
небо се отворило. Брзо стависмо резе и засуне, али
вода је већ продирала на палубу. Пола посаде је би-

ло на пумпама. Говорио сам им шта да раде преко мегафона, али моје је наредбе односио ветар.

– Повуците троугласто... Разапните једра!... Развуците људи... Штитно једро... Ужад!

Десет пута сам издавао наредбу. Штитно једро... Ужад... Следећи на крму... Следећи на прамац... Срце нам се спустило у пете. У тој грмљавини и севању, које је парало облаке и тресло земљу, гледали смо како *Марђотијев* брод извлачи дебљи крај. Греде, људи, греде. Хајдемо сви заједно. Шта? Ма то рекох онако, тек да себи дам одушка. Борба прса у прса. И није се знало ко је у већој опасности, нити ко ће да преживи. Можда ми или он, а можда нико. Али је *Марђоти* имао и велика једра, па контра једро... штитно... трапезасто... ипак смо ми победили. Потиснули смо мрак! Хвала Богу! Јеси ли их подигао? Спустио си их? Добро је све прошло. Пази да ти се не скраћују једра, јер их онда не можеш подићи! Шта је, мокра су? Па како онда да их разапнеш? Викнух наједном:

– Ама, развуците трапезасто једро. Посада ме је збуњено гледала:

– Које трапезасто, капетане? Било је потпуно сплашло. Схватио сам да је од *Марђотијевог* брода и то једро било сасвим уништено. Сачувај Боже! И опет, пумпај, пумпај!

– Људи, мења се време... И само што сам то рекао, престала је и вода да надолази. Почело је да се разведрава. Међутим, опет поче да дува ветар. И то какав ветар! Као да смо упали у вртлог.

– Једра... правац... И онда приметисмо љуљање прво десног, па левог *Марђотијевог* бока, па опет десног. Усковитлао се снег, као пијан! Море побеснело... Откотрљасмо се скоро до ограде...

– Хајде људи да помогнемо! Шта ту може да се помогне? Знали смо да се бори са смрћу као и ми сами. Ужад, једра, све му је попустило. Све се кидало од силине ветра, чули су се звуци као демонско фијукање и шкрипа. Опуштена једра су се размотавала сама од себе. Опет смо се борили и држали брод бочно.

– Хајде људи да нешто урадимо! Па шта се ту може? То тек онако изговараш, да се смириш. Не знаш ни ко је ко. Целе ноћи смо се рвали. У свитање, ветар се смирио... али таласи велики као планине. Маневрисао сам само са половином посаде. Друга је, задихана, била у потпалубљу брода. *Марѓиоѣијев* брод остао је без једара. Без једног јединог, па чак и без крме. Посматрали смо га како се клати на пучини, као неки изнурени коњ. Таласи су насртали и на труп брода да га скроз пробуше. Узео сам мегафон, мислећи да ће ме посада чути.

– У чамце, људи... У чамце... Зовем их, да спасу душе. Посада није знала за себе. Један се зацерекао: Капетане, да убацим у чамце и наше душе, злу не требало? Као да је тиме хтео да каже – зар не видиш нашу пропаст? Нису успели. Изненада се сручи огроман талас на леви бок брода, здроби га и преполови. Труп није издржао овај налет... све их је повукао на дно. Брод је нестао као уклет... А море је тамо дубоко...

– Деда, писмо од оца, деда! Дечак узе писмо из руке мајке која му га пружи и уђе у собу. Старац је покушао да се домогне писма брже-боље из руке детета, али му колена нису допустила да се покрене из фотеље.

– Прочитај га, Дросако мој, прочитај га... Рече нестрпљиво, јер му очи више нису помагале.

Дете, спуштајући поглед својих сузних малих очију, поцепа коверат са крупним словима и поче:

– Многовољени оче, клањам ти се... Пишем ти из Варне...

– Добро сам говорио ја, добро сам рекао ја, викну старац сав усплахирен од радости, добро сам рекао да ћемо стићи до Варне... Шта каже даље?

– Намучили се се, каже, око канала... Један енглески тегљач их је вукао ужадима и кукама. Иду у Одесу... Варна... Константа... Сулина...

Старац се ослони, узе писмо из дететове руке и стеже га шаком као да стеже руку свога сина:

– Браво, Димитрије, добро си то тамо обавио... Тако сине мој, са тим својим јунацима, само уз обалу... Браво Димитрије, браво сине мој, добро смо то тамо обавили...

Док му је дете читало, у средини собе његова жена и снаха, седе једна наспрам друге, прекрштених руку и са црним марамама спуштеним на очи. Тужиле су, тужиле су, пригушујући колико год су могле јецај и почињући тиху, да је старац не чује, тужбалицу, ах, тужбалицу за својим мужем једна, а за својим сином друга.

(Одломак)

Коста Асимакопуло

ПОСЛЕДЊЕ ДЕТЕ

Сваки човек има своју судбину. Понекад то и поверујеш када видиш шта све неки претрпе и какви их громови погађају. Шесторо деце, јунака, имала је капетаница. Код прве петорице разлика је била само годину дана, а код последњег једанаест година разлике од петог детета. Два грома их ударише, покосе их. Три сина се заједно с оцем удаве на првој пловидби њиховог брода[1]. Кренули су ка Црном мору које је тих година било друга Грчка. На улазу у Дарданеле, близу Тенеда, морска струја дохвати брод; таласи побеснеше и обрушише се на њега. Поломише им јарболе, пуче и прамац и у брод продре вода. Сви су се подавили, колико их је било. Само се један члан посаде спасао. На једној дасци стигао је до обале на Тенеду, а после дуго времена, на ко зна који начин, појавио се и у Кимију, као једини сведок и испричао им шта се догодило. Капетаница се потресе кад је то чула, сломи се. Остало јој је да оплаче четворицу. Три сина и њиховог оца. Обузе је бојазан и стрепња за остале, за двојицу која су настављала да плове, да и њих не одвуче море и да не доживе исти крај. Стога им она једне недеље ујутру спусти икону да се пред њом закуну да неће крочити на брод. Боље да живе као пустињски калуђери далеко

---

[1] Брод, овде то μπάρκο, наутички назив за једрењак са три јарбола. – *Прим. ред.*

од ње, него као морски ратници да су осуђени да умру. Узалуд. Одбили су. Свакога јутра су гледали море и његови ветрови су их подстицали да изађу и заплове и они, да као капетани покажу своју храброст. Све из тога места их је гурало – мало предање, мало приче о путовањима у кафанама, све то их је довело до одлуке. Годину дана после бродолома укрцаше се на брод, који су купили заједно са још некима. Добро су прошла прва њихова путовања. Дубровник, Трст, Венеција... Видели су многа места и људе, видели много необичних ствари о којима су по повратку причали мајци, да је мало одобровоље.

– Дивна су, мајко, путовања. Сазнајеш... Све постаје повољније. И бродови су сада много јачи... солиднији.

Капетаница неповерљива, огорчена. А они ће онда о другом:

– Знаш, мајко, Напуљ је, што кажу, наш град. Прастар, још од прадедова. Тамо су, у давна времена, отишли Кумљани одавде, путници су основали нову отаџбину. И њу су назвали Кума. А на брду иза града вулкан. Врило је у његовим дубинама. Једном је изненада затутњао, излила се лава и сагорео цели град. Опет су наши отишли тамо и саградили други град. Нови град Наполи, како му је и остало име. Разумеш.

И опет капетаница без речи. Није била очарана. Све што је имало везе са морем гурала је од себе, плашило је. И још лепше, мрзела је то.

– Видели сте, сазнали, скрасите се, био је њен одговор скоро увек. Сада сте још заједно. Не верујте у друго.

Имала је лош предосећај. И једном синови се нису вратили, нити било ко други с њиховог брода. Опет се сломила. И у болу је смишљала како да сачува последње дете што јој је остало, Марка. Побринула се да га још од малих ногу веже за земљу,

па му је купила имање; подигла му је виноград, ма-
слињак и велики пчелињак. И чим је одрастао, уве-
ла га је у посао да му пробуди љубав према земљи,
саветовала. И чим би он отишао с радницима на
имање, она би сишла на обалу, захватила би мало
воде у шаку да покаже мору да га она прихвата као
господара и преклињала би га:

– Немој, море, ово дете да ми узмеш... Остави ми
га...

Али, где да се море сажали. Неколико година је
оставило дечака на копну, да се заварава. И онда је
једног пролећа почело да га привлачи, и њега, да га
омађија. Извукло му је одлуку на уста:

– Поћи ћу на море.

Пресече се мајка кад је то чула.

– Је си ли ти добро?

– Не знам. Знам само да ме зову моја судбина и
моја душа. Нећу се смирити, док се не укрцам. Чујем
ноћу у сну гласове из мора. Браћа моја, отац мој, зо-
ву ме...

Поче да јечи мајка, паде му пред ноге. Даде му
чекић да споља закуца капке на прозорима куће.

– Прво ме затвори унутра, сахрани ме живу, а
онда иди!

Мислила је да ће га тиме приклонити. Узалуд!
Њен последњи син ју је пољубио док је спавала, по-
здравио се са својом љубљеном у суседству и оти-
шао. Укрца се и он.

Капетаница је остала сама са средовечном слу-
жавком. И баш добро што је она била ту. Била је
потпуно посвећена капетаници и везана за кућу и
њене бриге. Свог живота није имала, живот јој је би-
ла судбина ове куће. Живела је са свим оним кроз
шта је пролазила капетаница. А њен прошли живот
био је као из књига, да се прича зими уз огњиште.

Била је из Тиниде,[1] црнопута. Њен отац је био ками-
лар са три жене и једанаесторо деце. Све девојчице,
осим последњег детета. Улазио би у свој конак и но-
здрве би му запахнуо тежак мирис женског зноја, а
срце би му се стегло док је бројао сва та уста. Како
да их храни као водич камила, проводећи дане у пу-
стињи? Наређао је оволико деце из жудње да доби-
је једно мушко. Чим је то заслужио, стао је. Женско
у оним крајевима је проклетство. Хтео је да се сво-
јих реши што пре, па је почео да их удаје на брзину
или да их продаје чим би добиле груди и задњицу.
Велику несрећу имала је баш она. Продали су је ка-
да је имала тринаест година, још неразвијену. Купио
ју је један калајџија из Алжира, с надом да ће стаса-
ти и да ће постати жена за софу. Преварио се. Др-
жао је три године уз наковањ, да му чекићем кује ба-
карно посуђе. У гарежи и диму по цели дан седећи
прекрштених ногу. Прекипело јој је. Само да ћутке
оплакује своју судбину, а од суза да не види и да уда-
ри чекићем по прстима. Брзо је досадила газди. А
како му посао није ишао, почео је њену бригу да
сматра баксузном, па је гледао да је опет прода што
пре. На пијаци се затекао путник у пролазу, капе-
тан. Зауставио се са бродом мало у Алжиру. Он је
видео, сажалио се јер је стално немо плакала, без
дужег размишљања је повео са собом. Када се с њом
вратио у своју земљу, рече капетаници: „Ето ти је,
за кућни посао, за шта ти треба. Робиња је". И капе-
таница се на њу сажалила, јер је поштовала људску
несрећу. Добро се опходила према њој, човечански
као и према осталим укућанима. Тако су је гледали
и сви чланови породице. Робиња није тако нешто
очекивала. Хтеде да заборави шта је било некада, да
се понекад бледо насмеши и да рачуна свој живот од
онда кад је дошла овамо и када је пронашла добро-

---

[1] Главни град Туниса. – *Прим. ред.*

ту у људима. Мало помало научила је и језик и сама затражила да постане хришћанка, да иде у цркву и да захвали Богу који ју је спасао. Крстила се у петак и добила је име Петка.[1] Потпуно се предала и везала за кућу. Све њене радости и туге дубоко је осећала. И када је њена газдарица била скрхана од свих удараца, она јој је постала још прив									женија и брижнија.

— Пази да не упропастиш ту бурад, посаветовала је када је Марко отишао. Можда ће се предомислити и вратити се.

А капетаница је још гајила наду. У сумрак би одлазила на пусте обале, сасвим сама, бунцајући од бола. Сећала се оних који су се удавили и мислила на своје једино преостало дете. Замишљала га је како дању и ноћу плови по узбурканим морима, како га запљускују побеснели таласи, како је у опасности... Размишљајући о мрачном и немом мору које се у сутон пенушало пред њом, признала му је:

— Ти си моћније од свега, знала сам то. И ово последње дете си ми узело. Само ми га чувај.

Понекад је, у то доба, чула иза себе неко звонце, неке високе тонове. Био је то један губавац, који је бежао из шупљине, која се налазила нешто даље, да узме неку смокву из винограда.

Тих година, на обалу, изван Кимија, на оштрим литицама са једном узбрдицом према винограду, остављали су болесне од лепре. Они су ту живели у скитима, који су изгледали као пећине, а њих су направили монаси који су били у изолацији, ту су и умирали и остављали своје кости. Први губавци који су овде стигли пронашли су њихове мошти и сместили их у црквицу коју су саградили. Касније је било потребно да се направе и колибе за друге болеснике који су ту дошли.

---

[1] На грчком Παρασκευή, од чега је и надимак Σκεύω, који је добила. – *Прим. ред.*

Штошта се говорило о овој болести. Причало се да су је донели давно берберски гусари и да су је свуда разносили. Те несрећнике, из свих села и са свих околних острва којима су избијали печати, доводила је овамо њихова родбина у посебној барци, коју би потом запалили, а њих би остављали на милост Божју, тек понекад би их се сетили. Кад год би рибари имали добар улов, остављали би им рибе у корпи на стенама, онда би их дозвали бубњем, а неко од њих би изашао и то покупио. Понекад су и калуђери долазили на стене и окачили би им корпе у којима су биле иконе и уље, као и житарице и махунасто поврће; а понекад би долазили људи из овог краја, са торбама и хлебом, који су хтели да дају помен својим мртвима. Те ствари би им бацили доле, а онда би одлазили у журби, преплашени. Најчешће је долазила капетаница. Долазила је сваке суботе, у сумрак, са натовареним магарцем, и поседела би ту неко време, изнад обале, удаљена од њих.

– Помолите се за моје покојнике, и за оно једино моје дете, да ми се врати... говорила им је.

И само то; ништа више не би рекла, нити се представљала. Само их је посматрала у тишини и гледала њихове печате, а није се ужасавала. Временом их је све упознала, и оне које су се тек разболели, а и оне који су били при крају, јер им се тада тело топило као свећа, губили су тежину, образи, очи, уста и вилице су им упадали... Знала је и оне најстарије међу њима. И када некога не би дуже време видела, питала је где је.

– Не може више да устане, одговарали су јој.

А понекад, само кратко би јој рекли:

– Сахранили смо га.

Ускоро ће можда неко други доћи да заузме колибу покојника. А капетаница ће и њему говорити, када му буде доносила одећу и храну на своме магарцу:

– Помолите се за моје покојнике, и за моје једино дете, да ми се врати...

Бринула је због свог детета и узалудно се надала.

И тако је пролазило време. Њен син се укрцао на нови брод, много јачи. У то време није се више ишло једрењацима, него се путовало паробродом. Путовали су све даље и даље, и обилазили цео свет. Морнари годинама нису долазили у свој завичај. Тако је било и са капетаничиним сином. А мати је чекала и надала се. Дању и ноћу је молила Бога, морске и копнене свеце, горгоне, демоне и утваре, и само море, које је она доживљавала у људском облику и са недостижном снагом, као божанство које се борило са људима, увек незасито. Палила је кандила у капелицама које су тукли ветрови са пучине и свуда је прилагала нешто свецима. Проводила је сате, зурећи у даљину са стена.

Лети је време брже пролазило. Када је падао мрак, није било хладно. Често је гледала сунце на западу и замишљала како јој се син, који дуго није био ту и који је лутао по свету, враћа, а мати му намешта кревет за спавање. Ех, пуста маштања! Лети се очи лако преваре од боја које даје залазак сунца. На небу праве баште пуне ружа, флоте бродова, које весело круже по мору, што год да зажелиш, боје ти то покажу. У јесен, све постаје много теже, све полуди и постане мутно. И тада се капетаница пењала на стене, када је море дивљало, а морска со нагризала камен; и колико год да јој је било хладно, она би ту остајала. Дуго је седела, до касно увече, гледајући како се тамно море спаја с небом. Понекад је ветар тако јако дувао да је могао да је обори, или би је киша изненадила. Тада би се скривала, заједно са галебовима у пећине, и чекала да прође олуја. Све се претварало у пустош, у воду. Ни губавци нису излазили из колиба, ни корњаче на траву, нити би птице слетале са грана. Није било живе душе. Само је капетаница у неком скровишту чекала да престане невреме и да се киша смири. Можда је тим својим мучењем желела да укроти демоне и утваре који су јој сина држали далеко од ње. И ноћ би је ухватила док је тамо чекала. А често је долазила кући у поноћ или зором. Онда је робиња излазила да је сачека на путу, изван места, и тако је чекала сатима док се не појави:

– Зашто, господарице моја? приговарали би јој благонаклоно. Зашто се мучиш? Шта тиме добијаш?

Она није одговарала. Петка би је ухватила и придржавала док не стигну кући. Спремила би јој да се пресвуче, скувала би јој чај од жалфије да се угреје, а онда би је стављала да спава, да се одмори. Али, она се и у сну мучила – јављао јој се њен живот, њено петоро деце која су се подавила, и ово последње које се не враћа кући. Гледала их је у сну како излазе из те слане воде са својим женама и децом и играју се поносно на житним пољима, како улазе у винограде и беру грожђе, како врцају мед из пчелињака и лети спавају испод маслина. Ех, да хоће Бог оваквим несрећницима увек да се смилује и да поспе заборав док спавају, па да заувек остане онако као што је у њиховим сновима. Јер зашто ови мученици морају да трпе и када спавају?

Несрећни су они којима је записано да пате колико год могу да издрже. А шта све могу да издрже... Таква је била и капетаница. Као да није било довољно то што је изгубила толико својих најмилијих, него ју је стигла и страшна болест. Приметила је на свом телу печате, модре као труло лишће. Знала је одакле су, јер их је раније виђала на другима. Почело је да је пробада и да осећа јаке болове. Једноставно није имала среће. Клекла је пред икону коју је држала изнад свог кревета.

– Драги Боже, не знам да ли постоји још нека мука и несрећа тежа од ове, која ће ме снаћи.

Позвала је Петку да дође у собу. Знала је колико је Петка воли, и да она не може да је одбије. Све јој је испричала – и за болове и пробаде, за маснице и печате, за муку која се наврзла на њу. Говорила је мирно, сталожено, прибрано. Петка је плакала.

– Господарице моја, можда грешиш, рече јој.

Одмахнула је главом капетаница.

– Не, сигурно је имам. И што сам дуже овде, то ће горе бити. Одлазим и ја тамо на обалу, али не желим да ико сазна за овом. Јер не желим да пореметим срећу своме детету ако се врати. Нећу да буде обележен и да му говоре „Његова мати је губава“, па да беже од њега и да остане сам самцијат. Само ћеш ти знати. Је л' у реду?

– Да, господарице моја, ако ти тако хоћеш.

– Закуни се!

– Кунем се!

Онда је робиња извукла своју амајлију и пољубила је, заклињући се.

Капетаница јој је дала кључеве.

– Све ово овде је за тебе, све што има у сандуцима и фиокама. Новац, злато, све.

– Шта да радим са тим?

– Што год ти је воља. Раздели га. Ево, да ти то препишем. А ако ме буду тражили, ти ћеш рећи да сам отишла на море са својом барком, јер од мене се све може очекивати, због туге којом сам обузета. Зашто да не помисле да сам отишла да се убијем?

– Што год ти наредиш.

– Договориле смо се, само ћеш ти знати моју лозинку.

– Какву лозинку? упита је робиња. Могла си да одеш, а да ја то не сазнам. Шта си сада увртела у главу?

– Имам једну молбу. Хоћу да ми учиниш услугу.

Нису много речи трошиле, јер су се добро разумеле, биле су као једна душа.

– Говори, охрабрила је робиња.

И рече мати своју жељу.

– Ако ми се син врати, и ако буде хтео да се жени, реци му да приреди венчање тамо у манастиру Светог Спаса. Рећи ћеш му да је то жеља мајке која се изгубила на мору. Послушаће те. Онда ћеш доћи, овде изнад места где ћу ја бити, зазвонићеш звоном за мазге, као што је ово наше. И ја ћу схватити. Уши да немам, чућу те. Очи да немам, видећу те. Макар ми цело лице било нагрђено, душа ће ми остати нетакнута, и она ће те препознати. Јеси ли разумела?

Петка ју је нетремице гледала.

– Разумела сам.

И ту се прича завршила.

– Одлазим предвече.

Тако је одлучила и отишла.

Тако се и десило, као што је капетаница рекла. Идућег дана, робиња је изашла на пут, као да је тражи и да не може да је нађе. Народ се узнемирио. Спустише се на обалу, поседаше у барке да је траже по мору, било живу или мртву. Али, узалуд! Нису нашли ниједан комад одеће у тој бескрајној пустоши. Тражили су је и чекали данима. Ништа нису нашли. Поверовали су да се отиснула на пучину да разговара са својима и да су је те мртве душе повукле за собом и тако је умириле. Мештани су само кратко рекли: „И боље што је тако било него да трпи тај свој бедни живот“, и тако је отписаше. Само су још чекали да се на обали појави нека даска од њене барке, или њен џемпер или шал, па да се коначно и увере да је тако окончала свој живот и да јој одрже опело. Међутим, ни то се није десило. И временом, људи су престајали да говоре о њој. О њеном животу је почело да се прича, ретко, али је постао необична парабола за све људске судбине. Само је робиња чувала истину, заувек запечаћену и била јој је и даље одана. С времена на време је одлазила са натовареним магарцем до обале прогнаних, и ако би неког успут срела, говорила је да иде да однесе милостињу „за њену душу". И када би стигла донде, зазвонила би звоном за мазге изнад тог места. Господарица би је чула и дала јој знак одоздо, а онда је излазила и разговарала са њом. Стајале су на раздаљини, два-три хвата једна од друге. Петка јој је доносила одећу и храну и кратко би попричале. Шта рећи у таквој ситуацији. Толико су биле тужне, у дубини душе, да нису могле тек тако, у празно, да причају. Једнога дана Петка јој је пренела поздраве од сина Марка, јер га је неко видео и рекао да се враћа. Капетаница се толико обрадовала, хтела је да чује све подробно; као да је она била робиња, која је требало да га дочека. Петка је хтела да јој каже нешто лепо, што ће јој се свидети. Севнула је тада искрица олакшања на њеном болесном лицу – очи су јој засветлеле, заблистале. Робиња је опажала сваку промену на њој, до најмањих ситница. Схватила је да је оно лице које је толико волела сада било друкчије. Уништила га је болест, изровашила. И капетаница је то схватила, па се прекрила црним џемпером да не преплаши Петку па оде. Иако је Петка видела како она сада изгледа, није јој падало на памет да је одбаци и заборави. Поново је дошла, мокра до голе коже, једног зимског јутра, док је лило као из кабла и земља се тресла од грмљавине. Капетаница је осетила. Иако је капетаници слух био слаб и није чула да је Петка дошла, нити је препознала звоно, јер је море јако хучало, осетила је у себи и одмах истрчала на обалу прогнаних. Окренула се и угледала у оној тами и олуји, горе на врху стена, мутну, магловиту силуету, њену Петку која је ударала у звоно. Шта се то догодило, када је дошла по оваквом невремену? Шта је то толико важно морала да јој каже, а да није могло да сачека? Шта друго, него да јој је дете, за којим је толико чезнула, дошло. Пресекла се. Потрчала је ка узбрдици и ту се сретоше. Петка је извукла кесицу с ушећереним бадемом[1] и оставила јој.

– Је ли стигао? чежњиво је упита.

– Јесте. И одлучио је да се идуће недеље жени. Узеће Александру, сећаш је се?

Капетаница је занемела. Ставила је руке на уста, погледала високо према небу, видела је како муње севају и заплакала. Само је плакала и није проговарала. Брада јој се тресла, као да су сузе и из ње излазиле, па чак и из њених ногу и из земље, на којој је стајала. Робиња ју је гледала. Онда поче и она да плаче, без речи. Дуго су њих две тако плакале на киши. Затим је мати упита:

– А венчање?

– Биће као што си ти желела. У манастиру Светог Спаса.

Мученица се прекрстила. Онда јој је рекла:

– Ако постоји рај, после свега овога, буди ти у њему. Нека ти се његова врата отворе.

– Нека се теби отворе, добра моја, ти си се тако намучила.

Капетаница је захвално погледа.

– Иди сада. Киснеш.

Брижно и нежно је отпратила. А онда се вратила у своју чамотињу. Од тог тренутка, била је излечена. Засијало је сунце у њој. И невреме је утихнуло, стало је. Хоризонт је постао јаснији, а изнад овог места несрећника појавила се дуга. Наредни дани су пролазили благоугодно и спокојно. Освануло је недеља, дан венчања. Капетаница је рано устала, опрала косу, обукла нову одећу, и после толико година

---

[1] Бадем који се у Грчкој даје на венчању. – *Прим. прев.*

један мало светлији џемпер. Кренула је. Ишла је стазицом до манастира Светог Спаса. Стигла је пре његових сватова. Сакрила се у винограду, иза дрвета, и чекала. У подне се појавише сватови, иза окуке, с песмом, коју је певао само један глас, пун радости помешане с братским жалом. Напред су ишли млада и младожења, држећи се подруку. Иза њих су ишли њени родитељи, Петка, кум, певач и званице. Младожења није имао родитеље. Чак и да ниси знао о чему се ради, видео би на његовом лицу некакво тужно сећање и сузу у углу ока. То га је чинило још лепшим. Изгледао је као права, стасала јуначина. Мора са којима се борио оставила су му магличасти обрис на коси, па је изгледало као да је постала светлија. Као на иконописима у цркви, када време које пролази, оставља на ликовима мистичан траг лепоте и светости. Корачао је поносно и усправно, каткад погледавши своју младу. Били су једно за друго и изгледало је да се воле. Мати није могла да их се нагледа и како су одмицали задржавала је песму у својој души. Није могла да издржи, а да не заплаче. Срце јој је прошапутало:

– Да те Бог поживи, дете моје. Жељо моја...

Ех, камо среће да јој је судбина била друкчија... и да се није разболела... и да може сада да му похита у загрљај, да га изљуби... и да кажс све што јој лежи на души. Али, опет, хвала Богу да је заслужила да макар издалека гледа венчање свог јединог детета које јој је остало. Подигла је џемпер и прекрила лице, да је случајно неко око не препозна, овако скривену и да се не сазна ко је и шта је с њом било. Тешко њој онда... све би било узалуд. Оставила је само мали прорез за очи, да може да гледа. Да посматра до миле воље. И гледала је, док се сватови не удаљише и не изгубише на једној окуци. Она се није ни померила одатле. Остала је да сачека њихов повратак.

И када је опет зачула песму и видела их како се враћају, из ње излете нада.

– Сада можеш и да останеш... и нећеш одлазити...

Гледала их је радосно, док су силазили поред ње, и све док се опет нису изгубили на путу ка кућама. Песма је одјекивала и у виноградима. Касно увече капетаница је, онако замотана, кренула ка обали губаваца.

КОСТА АСИМАКОПУЛО

Родио се на острву Лезбу. Студирао је политичке науке, језике и театрологију. Писац и режисер. Објавио је много књига, углавном историјске романе. Неки од његових наслова су: *Дрво које игра*, *Душе са Самотракија*, *Алтана из Парђе*, *У долини славуја*. У његовим књигама узбудљивим заплетима и живо и непосредно представљеним јунацима, дочарава се атмосфера целе епохе, прошлих векова, и то не само у поробљеном грчком народу за време Туркократије, него и општије, код балканских народа и на источној страни Средоземља. То су узбудљива дела која такође причају своје приче као дијахроне теме и као алегорије о животу савременог читаоца, наглашавајући веру у неуништиве моралне вредности људи.

Коста Асимакопуло је објавио и романе чија се радња дешава у нашем веку, као и многе збирке приповедака. Такође је написао и романсиране биографије младог краља из античке Спарте Агиса IV, предводника у борби за правду (*Убиства у Спарти*), као и мученика екуменског патријарха Кирила VI (*Бунар са звездама*).

Његови романи су објављени на многим језицима: руском, финском, норвешком, холандском, чешком, украјинском, румунском, бугарском, српском, португалском и другим. Приповетке су му превођене и представљене у многим истакнутим страним часописима, као што је Nouvelle Revue Francaise и други.

Његова позоришна дела су извођена у државним, народним и приватним позориштима у Грчкој, и у другим земљама, са великим успехом. Најзад, неки његови романи (*Краљ и статуа, Вечерња звона*) екранизовани су као велике телевизијске серије и биоскопски филмови. Асимакопуло је и сценариста и редитељ многих значајних филмова (*Кривци, Дивни дани, Породица Хорафа, Не постоје дезертери, Напуштање*),

Три пута је добио Велику награду за књижевност Атинске академије, три пута Државну награду за позориште, затим Premio Pirandello 1988. и Златну медаљу Града Атине исте године.

Асимакопуло је генерални секретар грчког ПЕН-а, председник Центра за студије и истраживања грчког позоришта и директор Позоришног музеја у Атини.

НИКО АТАНАСИЈАДИ

Динамични прозни писац аутентичне маште, која даје његовим романима богате заплете и живописне карактере. Родио се у Митилени 1904. године, и већ у младости је припадао групи врхунских романсијера: Стратија Миривилија и Илије Венезија, који су створили такозвано „Еолско пролеће" у грчкој књижевности новијег времена.

Његова дела су: *Гола девојка*, преведена на многе језике, чак и на јапански; *Изван људских граница*, где приказује угњетавање у тоталитарном режиму и за које је 1958. добио награду „Коста Урани"; затим *Крштење без Ускрса, Олуја и ведрина, Опипљиви свет* и друге збирке приповедака. Умро је у позним годинама, крајем осамдесетих. Добитник је Државне награде за прозу.

ТАСО АТАНАСИЈАДИ

Рођен је у месту Салихлиз, у Малој Азији, 1913. године. Прозни писац. После Малоазијске катастрофе доселио се у Атину, где је завршио права и неко време радио као адвокат. Године 1945. је постављен на место генералног секретара Народног позоришта у Атини, и на том положају је остао до 1972. године, када се повукао.

Зрелу фазу његовог стваралаштва представља велики роман *Пантеи* који је прво био објављен у три тома: *Време благостања* (1948), *Мармо Пантеу* (1953) и *Капије Цариграда* (1961). Касније је роман обновљен и проширен на четири тома (1967–1968). Овде се Атанасијади окреће од лирског стила приповедања ка реалистичком и објективном. Тематску основу овог дела чини живот једне велике грађанске породице за време Другог светског рата. У погледу форме, основна карактеристика ове књиге је слојевити заплет: нарација је често подељена на непосредне дигресије, које се приказују кроз прошлост породице Пантеи и тако проширују границе не само времена нарације, него и херменеутичку димензију читалачке рецепције.

Атанасијадијева способност да повеже целокупност друштвеног тока са целовитошћу јунака потврђује се и у његовим каснијим романима, као што су *Престона дворана* (два тома, 1969), и *Стражари Ахаје* (два тома, 1975).

Атанасијади је писао и биографске романе: *Достојевски од тамнице до патње* (1955) и *Алберт Швајцер: песник хришћанског деловања* (1972). Објавио је и књигу критичких есеја *Признања* (1965).

Многи његови романи с узбудљивим заплетима екранизовани су као телевизијске серије. Роман *Престона дворана* објављен је у Румунији, а романсирана биографија Достојевског је преведена на француски, шведски и португалски. Атанасијади је превођен и на немачки и српски језик.

Председник је грчког ПЕН клуба и члан атинске Академије наука.

ИЛИЈА ВЕНЕЗИ

Рођен је у Ајвалију, у Малој Азији, 1904. године, а умро је у Атини, 1973. године; приповедач и романописац „Генерације тридесетих", академик. За време Првог светског рата, породица Венези је била принуђена да пребегне на острво Лезбо, да би се склонила од прогона који су тада Турци спроводили над грчким становништвом из Мале Азије. Вратили су се у Ајвали 1919. године. Међутим, три године касније, у септембру 1922, током Малоазијске катастрофе, а тек што је завршио гимназију, Венези је постао турски заробљеник, и четрнаест месеци је провео на принудном раду у унутрашњости Мале Азије. После његовог ослобађања, новембра 1923, поново је отишао на Лезбо, где је, по други пут, пребегла његова породица, а затим се, после неколико година, настанио у Атини. Радио је у Народној банци и у Банци Грчке до 1957. године. Истовремено је био генерални секретар и саветник у Управном одбору Народног позоришта, затим и његов директор. Илија Венези се први пут појавио у јавности 1921. године, са причама у часопису *Цариградска реч*. У часопису *Црквена звона*, чији је уредник био Страти Миривили, 1924. године објављује прву верзију свога дела *Број 31328* у наставцима, а коначни облик овог дела настао је 1931. године, када је књига и објављена. Премда се ово дело карактерише као роман, поднаслов *Заробљеници на принудном раду на истоку* много јасније и прецизније одређује његову врсту. У ствари, *Број 31328* је врста документаристичког дела, које описује све оно што је писац искусио током свог преживљавања у концентрационим логорима турске војске за грчке заробљенике после Малоазијске катастрофе. Ипак, ово сурово искушење за тада осамнаестогодишњег Венезија, није га одвело у пристрасност, за разлику од језичког израза, који је својим пренаглашеним тоновима подривао трагичност тих истих догађаја. Ово сведочење употпуњава и следи дух послератне књижевности, која се развијала у многим земљама после Првог светског рата.

Следећи Венезијев роман, *Спокој*, почиње као хроника настањивања избеглица из Мале Азије, у суседно негостољубиво окружење, да би се потом развила у опис индивидуалних душевних доживљаја те ситуације.

И управо се ту стање безизлазности изражава кроз људску судбину, и на тај начин Венези исказује свој став према животу, од којег не одступа ни у свом потоњем стваралаштву.

У следећем роману, *Еолска земља* (1943), који је написао у време немачке окупације, живот је сагледан очима детета, ту се реалност меша са сновима, чудни свет сам себе оправдава. То дело је засновано на аутобиографским елементима који су у толикој мери досегли ниво мита, да је врло тешко разликовати стварне догађаје од измишљених.

Венези је објавио много књига приповедака, као што су: *Маноли Лека* (1928), *Егејско море* (1939), *Ветрови* (1943), *Време рата* (1946), *Побеђени* (1954), *Архипелаг* (1969).

Велики део његовог прозног стваралаштва је превођен на многе европске језике, укључујући и српски.

ЕВА ВЛАМИ

Један од најозбиљнијих женских стваралаца у грчкој књижевности. Њена вредност је у дражи приповедачког стила, који је сврстава уз најзначајније грчке писце као што су Александар Пападијаманди, Страти Миривили и Андреа Каркавица. Драж њеног стила је толика да својом мађијом прикива интересовање читаоца. Њена главна инспирација је специфичан живот њеног завичаја, Галаксидија, малог приморског града са богатом поморском традицијом.

Њена прва књига и носи наслов по овом чувеном граду и представља хронику живота тога града, од старих времена до наших дана. Књига се сматра јединственим делом у својој врсти, равним по вредности са *Хроником једног града* Панделија Превелакија. И књига *Стена*, преведена на многе језике, надахнута је животом капетана из тога поморског града, досежући врхунце античке трагедије када централни јунак својом ароганцијом пређе сваку меру савести и логике, проузрокујући губитак целе посаде у дубинама океана.

Друго њено значајно дело је *Излазак месеца*, надахнуто периодом Балканских ратова, књига која поред свог лирског ткива добија метафизичке димензије; ту једна трагична мајка, поремећена због губитка сина, њега мртвог жени девојком коју му је изабрала за невесту. Циклус тих њених значајних дела затвара књига под насловом *Анђеликини снови*.

Ева Влами се родила 1910, а умрла 1978. године. Била је истакнути пијаниста и супруга значајног мислиоца и стручњака за античку хеленску филологију Панагија Лекаце. Њено дело и живот је темељно проучавао Коста Асимакопуло.

У овој антологији је заступљен одломак из књиге *Галаксиди*, који може да се посматра као целовита и аутономна приповетка.

ЈУЛИЈА ИЈАТРИДИ

Рођена је у Атини, 1914. године као кћи шпанског маестра Бустинуи из Баскије. Дошавши први пут у Грчку, овај музичар је заволео као своју другу отаџбину, ту је и створио своју породицу са грчком виолинисткињом. Њихова друга кћи и Јулијина сестра је сликарка Марија Поп.

Јулија Ијатриди, која је умрла 1990. године, сматра се јединственим познаваоцем шпанске књижевности. Изванредно је превела многе значајне романе, међу којима је и Сервантесов *Дон Кихот*. Захваљујући тим својим знањима написала је и обимну романсирану биографију Лопе де Веге под насловом *Син ватре* у којој се приказује буран живот овог великог драматурга, али и узбуркана епоха његове отаџбине. Њено друго значајно дело је књига *Коњаник на ветру*, за коју је добила награде „Коста Урани“ и „Три лица“. Јулија Ијатриди је добитник и других високих награда у Грчкој, као што су Државна награда и награда Атинске

Академије. Истакла се и преводима многих позоришних дела, углавном шпанске књижевности. Превела је одлично драме Лопе де Веге и Тирса де Молине, Федерика Гарсије Лорке, Валије Инглана, Александра Касоне.

У послу је била изузетно одговорна особа. Била је члан савета Народног позоришта и жирија за награде. Као приповедач истиче се истраживачким нервом у обради своје тематике. У спомен на Јулију Ијатриди Грчко удружење књижевних преводилаца установило је награду која носи њено име.

АНДРЕА КАРКАВИЦА

Рођен је у Лехени на Пелопонезу, 1865. године, а умро је у Марусију, у Атици, 1922. године. Прозни писац. После Пападијамандија, главни представник етографске приповетке. Драгоцену биографску грађу о Каркавици пружају сама његова дела, јер је за многа од њих повод био неки истинити догађај из његовог живота. Такође су његове књиге плод дугогодишњих путовања копном и морем.

Каркавица се 1883. године уписао на медицински факултет Универзитета у Атини, где је и дипломирао у децембру 1888. године. Боравак у Атини пружио му је прилику да упозна изблиза књижевнике, као што су Палама, Хадзопуло, Ксенопуло и други, и да сарађује и сам у часописима и новинама, што му је помогло да се усмери већ од својих првих корака.

Почео је да путује да боље упозна грчки народ и да сакупља фолклорну и историјску грађу, коју ће користити у свом писању. Прва станица му је била копнена Грчка – Румелија. Плод његових лутања били су први путописни текстови и књига *Просјак* (1897). Обично посматрање овде добија глас отпора, с елементима критике друштва.

Каркавица је, 1892. године, објединио своје прве приповетке (1886–1889), које су биле писане катаревусом, у књизи под насловом *Приповетке*. Карактеристичан је предговор за ову књигу, у коме се одриче „балсамованог језика" ових прича да би учествовао у горућем језичком питању, четири године после Психаријевог дела *Моје путовање* (1888). Августа 1896. постављен је за сталног војног лекара, да би 1921. године добио место начелника. Годину дана касније (1922), мало пре смрти, пензионисан је на свој захтев. Као војни лекар, проживео је изблиза све догађаје у периоду од 1896-1922. Пораз из 1897. године га је погодио и инспирисао за алегоријски роман *Археолог* (1904), који је и једино његово дело у којем се суочава са друштвом тога времена, заузимајући одређене ставове о његовим проблемима. Године 1900. издао је још једну збирку приповедака, *Старе љубави*. Учествовао је у оснивању „Просветног клуба".

Осим финог опажања и сликања реалности, брижљиво однегован стил и обилно коришћење језика народне поезије, представљају главне одлике прозе А. Каркавице.

ЈАНИ МАНГЛИ

Рођен је 1909. године на острву Калимну које је познато по делатности његових житеља – вађењу сунђера. Ова делатност обележила је острво и често је пресудна у трагичним околностима и судбинама оних који остају одузети од ронилачке болести. Овакав специфичан живот Калимњана је богат извор инспирација за Јанија Манглија у његовим најзначајнијим делима, као што су збирке приповедака *Проклети морем* и *Егејски кријумчари*. Остала његова дела су *Сунце никад није зашло*, *Деца сунца и мора*, *Ветар је ударао на наша врата*, *Обележени*, *Крвави пут*.

Јани Мангли се сматра једним од најдинамичнијих представника прозе о мору. Има смелу машту, узбудљиво приказује живот, драматична судбина његових јунака је одређена обичајима у животу њихове заједнице. Добио је много награда и превођен је у многим земљама, где су његове књиге постигле леп успех. О Јанију Манглију су похвално писали и грчки и страни критичари. И Нико Казанцаки му је одао признање као прозном писцу поздравивши срдачно његово прво појављивање у књижевности.

СТРАТИ МИРИВИЛИ

Рођен је на острву Лезбу, 1892. године и сматра се претечом „Генерације тридесетих", као и најзначајнијим писцем наративног стила у грчкој књижевности. Нико други, можда, после Александра Пападијамандија, не располаже тако посебном приповедачком мађијом као Страти Миривили.

Он је писац који квалитетом своје приче плени читаочеву пажњу, откривајући све традиционално богатство грчког језика.

Врло рано, због ратних збивања која су захватила Грчку у првим деценијама двадесетог века, он је позван у војску, проживевши тако и сам драматичне ситуације војске у рату и цивилне већине углавном у земљорадничким областима. Ужас и страх у борбама на ратним поприштима и свакодневне патње младих људи који су ратовали ради ослобађања поробљених грчких територија покренули су га да напише своја два врхунска прозна дела, *Живот у гробу* и *Учитељица златних очију*. Треће његово велико прозно дело је *Богородица нимфа*, чија се радња догађа на његовом вољеном острву Лезбу; надахнуто је обожавањем природе и изазовним паганизмом.

Ипак, са становишта стила, његова проза досеже врхунац јединственим делима у грчкој књижевности – *Васили Арванит*, затим *Пан* и *Пагана*.

Написао је и многе приповетке, које је сабрао у збирке под насловима *Зелена књига*, *Плава књига*, *Књига вишњеве боје*. Неке његове приповетке сматрају се узорима психографије, потресне снаге, са јунацима којима владају страсти и чежње, док се друге истичу мађијском једноставношћу или су хронографије продужене неким кратким митом.

Бавио се и дечјом књижевношћу у роману *Арґонауш*, као и поезијом, али више успут.

Његови текстови под заједничким називом *Из Грчке* као и његове редовне недељне емисије на радију, које је пратила скоро цела Грчка, представљају садржај посебне приповедачке вредности и надахнућа.

Био је председник Националног удружења грчких писаца и члан Академије наука у Атини.

Његова позната прозна дела превођена су и објављена на многим страним језицима. Нарочито је *Боґородица нимфа* доживела задивљујући успех. Роман *Живош у ґробу* спада међу најзначајнија издања светске књижевности и преведен је на многе језике, укључујући и српски.

Страти Миривили је умро 1969. године.

И. М. ПАНАЈОТОПУЛО

Рођен је у Етолији 1901. у једној специфичној малој области, окруженој језером, а умро је у Атини 1982. Потиче из сиромашне породице, у животу се мукотрпно борио и успео је да направи један од најбољих образовних центара у Грчкој. Истовремено је почео да се бави књижевним радом и постао један од најзначајнијих грчких књижевника. С обзиром да је био веома талентован и свестран у свом духовном развоју, Панајотопуло се занимао за сваку врсту писане речи, изузев за позориште. Писао је поезију у духу новијих тенденција, али је увек успевао да одржи јасност свог језика. Објавио је више збирки приповедака, где су мала тематска језгра давала димензије животу његових јунака.

Истовремено је проучавао грчке песнике и прозне писце, и писао озбиљне есеје о њима. Он је и као есејиста сматран јединственим због дескрипције моралних друштвених појава и неписаних правила у којима живе Грци, као и због своје вештине да продре у њихову психологију и менталитет. Ови његови есеји, посебно они који се односе на смисао људског живота и смрти, спадају међу најбоље у свету. Такође су одличне његове студије о облицима и темама ликовних уметности, и у тој области се сматра најбољим теоретичарем.

И. М. Панајотопуло је увек био гладан путовања. Обишао је многе континенте, Европу, Африку, Азију и та његова лутања су као плод донела обимне књиге: *Европа, Свети скарабеј: Египат, Државе Истока, Африка се буди, Кипар – једно путовање* и књига утисака са путовања по Кини. Његова велика љубав су и романи. Већина његових бројних дела има за тему личне доживљаје. Поред тога, његовим значајним делом се сматра приповетка *Седморо успаване деце*, која се односи на живот и смрт седам младих мученика у борби за хришћанство. И. М. Панајотопуло је добио многе награде и дела су му преведена у многим земљама, а поезија и на српски.

АЛЕКСАНДАР ПАПАДИЈАМАНДИ

Највећа личност грчке књижевности, зато што је у потпуно личном стилу од мале заједнице своје отаџбине острва Скијата створио универзални свет. Ту је приказао јунаке општељудских димензија са њиховим очекивањима, слабостима, страстима и визијама. Рођен је на овом малом егејском острву, 1851. године; био је син свештеника, тако је и добио презиме, по грчкој речи за попа.

Тамо је научио своја прва слова, а потом је дошао у Атину да студира и да ради као новинар. Најдубље је на њега утицала хришћанска вера, те је живео једноставно и скромно као сиромах изгнан из друштва, располажући са мало новца, који би уштедео од сарадње са новинама и од превода озбиљних страних писаца.

Стога је и стекао назив „сиромашни светац грчке књижевности".

Неко време је живео на Светој Гори и заносио се мишљу да постане монах. Написао је много приповедака, често позиван од уредника новина, који би му наручивали празничне текстове у дане Божића и Ускрса. Отуд постоји велики број његових божићних и ускршњих приповедака. Писао је и романе. Најозбиљнији његов роман је *Жена-убица*, узбудљива прича, која се догађа на његовом острву Скијату. Главна јунакиња је једна жена која тајно убија све девојчице које може, јер верује да оне пате у својим породицама и да ће несрећно живети. То је хероина која достиже величину античких трагедија. Књига, написана као и сва дела Александра Пападијамандија, специфичним језичким стилом, спојем црквене катаревусе и локалних идиома, очарава читаоца и држи му пажњу до последње странице. Његова друга велика дела су *Трговци народима* и *Циганчица*. Пападијаманди има посебан дар да у својим делима повеже истинитост теме са реалистичком снагом и обожавањем природе, које чак спаја са паганством, најдубљу хришћанску веру и чаробни шарм његовог језичког стила. Умро је са деведесет година на свом острву 1941. године. Његов рођак је још један истакнути писац с истог острва, Александар Мораитиди, који је и сам много година живео на Светој Гори као монах.

Доказ вредности Пападијамандијевог дела је и то што се многи истакнути филолози баве искључиво његовим књигама. Последњих година је његов роман *Жена-убица* преведен на многе језике са великим успехом.

ТАНАСИ ПЕЦАЛИ-ДИОМИДИ

Рођен је 1904, а умро 1995. године. Врхунски романсијер грчке књижевности. Многи истакнути грчки стручњаци га сматрају националним писцем, зато што његове књиге обухватају и идеале и тугу њиховог рода, с вишеслојном представом мука и снова не само грчког, већ и свих других балканских народа у току дуге мрачне епохе Отоманског ропства. Његов тротомни роман *Мавролики* носи име једне велике, разуђене породице и простире се временски на цео тај период ропства, као и на различите просторе где се збива радња, успоставља везу са значајним догађајима који обележавају те векове, чак и после Туркократије, и динамично и узбудљиво реконструише живот поробљених балканских народа. На исти начин је написан и његов роман *Звоно Свеше Тројице*, где се, кроз карактеристичне околности и догађаје у цркви у једном селу, приказују шира историјска и политичка дешавања на Балкану кроз векове.

Неупоредиви значај Танасија Пецалија-Диомидија не огледа се само у богатству његових сазнања, него и у његовом сјајном наративном стилу, који му омогућава да великом разноврсношћу лексике и израза савршено оживи карактер прошлих епоха. Он је писац од талента, угледа, морала и вере у идеале. Писац, који охрабрује читаоца и без лажног улепшавања просветљава га и усмерава. Он је свестан своје мисије духовног ствараоца, али и као сина своје измучене, заслужне отаџбине. Сви православни народи на Балкану могу у његовим озбиљним историјским романима да чују и свој бол и сопствени глас. Стога заслужује да га упознају. Нарочито због његове прегнантне прозе, романа *Звоно Свеше Тројице*. Танаси Пецали-Диомиди је био члан Атинске академије и добитник најзначајнијих награда.

ГАЛАТИЈА САРАНДИ

Рођена је у Патри 1922. године; писац приповедака и романа. Студирала је права на Атинском универзитету. Али није хтела да настави стручну каријеру и посветила се књижевном раду.

Прво њено појављивање у књижевности било је 1945, кад је објавила приповетку *Тврђава* у часопису *Неа Естиа*. Њен рад је већ од првих издања подржао критичар Григори Ксенопуло.

Њени романи и приповетке се несумњиво заснивају на реалности, која има и историјски печат и то из угла последица, оних индивидуалних и оних колективних. Ратови, општа криза вредности, промене наметнуте основним условима свакодневног живота оцртавају се посредно али јасно, не као догађаји који случајно привлаче пажњу аутора, него као догађаји који формирају понашање људи и њихову духовну структуру.

Своје прво издање је Галатија Саранди представила 1947. године збирком приповедака *Књига радости*. Уследили су романи *Јорговани* (1948), *Књига о Јовану и Марији* (1951), *Повратак* (1953), *Наша стара кућа* (1959), *Границе* (1966) и *Пукотине* (1979), и збирке приповедака *Боје поверења* (1962), *Сећај се Вилне* (1972) и *Елени* (1983). Њен роман *Повратак* је добио награду „Групе дванаесторице“, књига приповедака *Сећај се Вилне* прву државну награду за приповетку, а роману *Пукотине* припала је награда Атинске академије. Галатија Саранди је написала и два романа за децу.

Као изузетна личност у грчкој књижевности и култури изабрана је 1997. године у Атинску академију као прва жена члан те Академије.

ЈОРГО ТЕОТОКА

Рођен је у Цариграду 1905. године, а умро у Атини 1966. Прозни и позоришни писац и есејиста, а уједно један од најистакнутијих у „Генерацији тридесетих“. Његов отац, Михаило Теотока, био је правник и близак сарадник Елефтерија Венизела. Јорго Теотока је и сам студирао права на Атинском универзитету и наставио је слободне студије у Паризу и Лондону. Потом је радио у Атини као адвокат.

Прво појављивање Јорга Теотоке у грчкој књижевности је било 1929. године са књигом есеја *Слободни дух*. Овим делом је покушао да удари по владајућим схватањима у грчкој интелектуалној сфери, двадесетих година прошлог века, најављујући истовремено потребу за препородом и проричући појављивање нове генерације и схватања у грчкој књижевности.

Године 1931. објавио је књигу *Нерадни дани*, коју је сам одредио као психографски есеј, а 1932. политички есеј *Напред у друштвени проблем*, у коме покушава да, оповргавајући комунистички и социјалистички став, одбрани либерално грађанско схватање.

Теотока је 1937. године објавио збирку приповедака *Еурипид Пендозали*, а 1938. *Демон*, роман у коме представља породицу даровитих људи, од којих неки вођени својим „демоном“, стижу до успеха, а други пропадају или нестају. Књига *Леони* описује прелаз једног детета из детињства у пубертет и његову младалачку кризу у годинама Првог светског рата, примирја и Малоазијске експедиције. У основи је ово аутобиографско дело. Једним од значајнијих његових дела сматра се и *Арго*.

У рату у Албанији Теотока је ратовао као добровољац, а у годинама немачке окупације се окренуо позоришту. Године 1950. поново се вратио писању романа, објављујући *Свети пут*, који се поклопио с изласком *Арго*. Године 1964. ова књига је допуњена другим делом и добила наслов *Болесни путници*. У овом новом роману, Теотока настоји опет да наслика фреску епохе, са јунацима, рекло би се, који веома личе на исте оне младе јунаке у *Аргу*, у њиховим зрелим годинама, у оквиру историјских догађаја који су дошли касније.

Теотокини есеји, сабрани у књигама *На трагу новог доба* (1945), *Проблеми нашег времена* (1956), *Духовни ток* (1961) и *Национална криза* (1966) показују стално будно интересовање писца за друштвене проблеме и објашњавају његове честе чланке по новинама, како у фази Кипарске кризе, тако и у фази упорне борбе (1961–1963) и револта (1965–1967), што је имало нарочито велики одјек у јавности. Његова изненадна и доста рана смрт у децембру 1966. прекинула је интелектуалну и политичку активност једног од најзаслужнијих грчких аутора. Остала Теотокина дела су: *Позориште II* (1947), путописи *Есеј о Америци* (1954), *Путовање на Средњи Исток и на Свету Гору* (1961), *Путовања, Персија, Румунија, Совјетски Савез, Бугарска* (1971). Ту су и студије *Грчко народно позориште* (1965) и *Различита дела* (1966).

Позоришна дела су му била споредна списатељска делатност, али је, упркос томе, у своје време сматран за позоришног стручњака и обављао је одговорне административне функције у позоришној организацији: генерални директор Народног позоришта (1950) и председник Управног одбора (1961) Државног позоришта за Северну Грчку, у чијем је оснивању имао значајан удео.

ПЕТАР ХАРИ

Рођен је у Атини 1902. године, а умро 1998. Приповедач и есејиста, више од педесет година главни уредник најдуговечнијег грчког књижевног часописа *Неа естиа,* академик. У прозном стваралаштву, где несумњиво преовлађују приповетке и путописи, уз само један роман, писац истражује и разрађује теме које у књижевној пракси потврђују његову теорију живота, по којој је савремени човек дубоко драматична личност, а та његова драматичност произлази управо из противречности његових дела и мисли. Своје утиске Петар Хари покушава да сугерише читаоцу као психолошку ситуацију и стога често користи као увођење у атмосферу приче некакво откриће, невероватан случај који узнемири живот човека, или пак, неки уобичајени догађај неочекиваних последица за његове јунаке. Ови догађаји добијају значење и осмишљавају његов приповедачки свет испуњени симболистичком атмосфером.

Теме које Петар Хари обрађује у својим приповеткама већином су у вези са психолошким реакцијама човека када се суочава са вишим или њему страним силама, у вези с драматичним осећајем живота.

Осим романа *Дани гнева* (1978), прозно дело Петра Харија чине искључиво приповетке и есеји. Хронолошким редом издао је следеће књиге: а) збирке приповедака: *Последња ноћ на земљи, Удаљени свет, Светла на пучини, Пут од 100 метара* (*Када свеци силазе на земљу*), *Велика ноћ, Плави анђели, Сањарење на мапи*, б) есеје: *Кризни час* (1944), *Када живот постаје сан* (1945), *Постоје ли богови?, Послератни свет, Недужна и гневна младеж, Човек и његова сенка*, в) збирке критичких текстова: *Слободни духовни људи* (1947), *Грчки прозаисти* у шест томова.

Петар Хари је објавио још осам књига путописа, међу којима се издвајају: *Кина ван зидина* (1961), *Далматинске обале* (1961), *Свет и Грци* (1965).

Превођен је на више језика, укључујући српски.

Коста Асимакопуло

Садржај

Антологија

Издавачко предузеће
РАД
Београд, Дечанска 12

*

Главни уредник
НОВИЦА ТАДИЋ

*

Графички уредник
МИЛАН МИЛЕТИЋ

*

Лектор и коректор
ДАНИЦА ВУКИЋЕВИЋ

*

За издавача
СИМОН СИМОНОВИЋ

*

Штампа
Jован, Београд

CIP – Каталогизација у публикацији
Народна библиотека Србије, Београд

877.4-32 (082.2)
877.4.09-3

МОРЕ је наша судбина : грчке приче / избор и белешке о писцима Коста Асимакопуло. – [превод са грчког Бранка Паланачки]. – Београд : Рад, 2001 (Београд : Jован). – 203 стр. ; 21 cm. – (Библиотека Хиперион)

Тираж 500. – Стр. 5–12: Море је наша судбина / Ксенија Марицки Гађански. – Напомене уз текст. – Белешке о писцима: стр. 185–201.

ISBN 86-09-00762-6

1. Асимакопуло, Коста
a) Грчка књижевност – 20в

COBISS-ID 94462220